今日から使える
大人のための
語彙力
1000

おとなの語彙力研究会 編

彩図社

はじめに

突然ですが、あなたの身近にいる「仕事ができる人」を何人か思い浮かべてください。その人たちが共通して持っている能力は何ですか？


アイデアをひらめく力。

人をまとめる力。

考えをプレゼンする力。


こういった特徴が当てはまるでしょう。では、これらの能力を上げるために共通して必要なものは何でしょうか。

そう、語彙力です。

どれだけ良いアイデアを思いついたところで、それを言語化して企画書にまとめられなければ意味がありません。人に指示を出すにしても、用件をわかりやすく伝えるための力がどうしても必要になります。プレゼンをするときは、相手に魅力が伝わるような言葉選びが重要です。

語彙力は、すべてのベースとなる能力なのです。

本書には、社会人として知っておくべき頻出語彙が「二字熟語」「三字熟語」「四字熟語」「ことわざ」「慣用句」「副詞・接続詞」「外来語」の七章にかけて1000語収録されています。

初めから一つずつ覚えるも良し、気になるところから目を通すも良し、使い方は自由です。一語一語があなたのスキルを底上げする原動力となれば、これに勝る幸せはありません。

おとなの語彙力研究会

目次

二字熟語

CHAPTER
01

日常生活で使う機会の多い二字熟語。頻度が高いからこそ、ふとした言葉づかいに差が表れやすくもあります。日常で使える、品のよい言い回しを習得しましょう。

稀有（けう）

極めて珍しいこと。まれなこと。

例　これは非常に**稀有**な例だ。

逼迫（ひっぱく）

物事に行き詰まり、余裕がない状況になること。

例　状況はかなり**逼迫**している。

相好（そうごう）

顔つき。表情。

例　彼女は**相好**を崩した。

邁進（まいしん）

目標に向かってまっしぐらに突き進むこと。

例　己の道を**邁進**する。

糾弾（きゅうだん）

罪や責任を追及し、非難すること。

例 マスコミが政治家を**糾弾**する。

更迭（こうてつ）

ある者の役目・役職を他の人に代えること。

例 大臣を**更迭**する。

彷徨（ほうこう）

うろうろと当てもなく歩き回ること。さまようこと。

例 夜中に街を**彷徨**する。

反目（はんもく）

仲が悪く、お互いがにらみ合っている状況。

例 彼は同僚と**反目**し合っている。

淘汰（とうた）

不必要なものを取り除くこと。環境に適応できない個体が滅びていく現象。

例 環境の変化で生き物が**淘汰**されていく。

珠玉（しゅぎょく）

優れた美しいもの。尊いもの。

例 この映画は**珠玉**の一本だ。

矜持（きょうじ）

自分の能力が優れていると誇る気持ち。プライド。

例 **矜持**を持って仕事に取り組む。

虎口（ここう）

虎の口。転じて、極めて危険な所。そのような状態。

例 やっとの思いで**虎口**を脱した。

反駁（はんばく）

他人の意見に対して言い返すこと。反論すること。

例 上司の意見に**反駁**する。

風采（ふうさい）

人の姿かたち。見かけ上の様子。

例 彼女は目立つ**風采**をしている。

慧眼（けいがん）

鋭い眼力。物事を見抜く力。「炯眼」とも。

例 彼は優れた**慧眼**の持ち主だ。

睥睨（へいげい）

横目で見ること。にらみつけて威圧すること。

例 彼は辺り一面を**睥睨**した。

虚空（こくう）

何も存在しない空間。空中。

例　ぼんやりと**虚空**を見つめる。

一分（いちぶん）

ひとりの人間としての名誉。面目。

例　自分の**一分**は譲れない。

面妖（めんよう）

不思議なこと。奇妙であやしいこと。

例　なんとも**面妖**な話を聞く。

瞠目（どうもく）

驚き感心するあまり、目をみはること。

例　あまりの出来事に**瞠目**するばかりだ。

等閑（とうかん）

ものごとを軽んじ、いい加減に扱うこと。なおざり。

例 この案件は**等閑**視されている。

黎明（れいめい）

夜明け・明け方。転じて、新たな物事が始まろうとすること。また、その時。

例 コンピューターゲームの**黎明**期。

僭越（せんえつ）

自分の地位や立場を越えて、出過ぎた行動を起こすこと。

例 **僭越**ながら、代表として挨拶を行う。

不肖（ふしょう）

未熟で、取るに足らないこと。また、そのさま。

例 **不肖**の身ながら、全力を尽くすつもりだ。

狡猾（こうかつ）

ずる賢いこと。また、そのさま。

例　**狡猾**な手段を使う。

反芻（はんすう）

よく味わうこと、くりかえし考えることのたとえ。

例　もらったアドバイスを、よく**反芻**する。

漸次（ぜんじ）

しだいに。だんだんと。

例　商品を**漸次**改良していく。

暫時（ざんじ）

しばらくの間。少しの間。

例　始まるまで**暫時**待機する。

塩梅（あんばい）

料理の味加減。物事の様子や程度。具合。

例 甘みと酸味が良い**塩梅**だ。

本懐（ほんかい）

根底に抱いている願い。本来の希望。本望。

例 ついに**本懐**を遂げる。

夭折（ようせつ）

年若いうちに死去すること。夭逝（ようせい）。

例 **夭折**の天才を惜しむ。

空虚（くうきょ）

中身・内容や、それに伴う価値が何もないこと。

例 **空虚**な時間が流れる。

忌憚（きたん）

はばかること。遠慮すること。

例 **忌憚**のない意見。

胡乱（うろん）

真実かどうか疑わしいこと。正体が確かではないこと。

例 説明が**胡乱**で、不安になる。

瓦解（がかい）

一部の乱れが全体に広がり、組織そのものが壊れること。

例 チームは**瓦解**の危機にある。

天誅（てんちゅう）

天が下す罰。また、天にかわって悪者に下す罰。

例 悪者に**天誅**を下す。

証左（しょうさ）

事実を明らかにするためのもの。証拠。証人。

例 この資料が何よりの**証左**だ。

峻厳（しゅんげん）

極めてきびしいこと。また、そのさま。

例 **峻厳**な態度で臨む。

狼煙（のろし）

警告や合図として高く上げる煙。また、物事のきっかけとなる目立った行動。

例 反撃の**狼煙**を上げる。

長閑（のどか）

ゆったりと、落ち着いて構えるさま。気にかけないさま。

例 **長閑**なことを言っている場合ではない。

鞭撻（べんたつ）

強くはげますこと。激励すること。

例 ご指導ご**鞭撻**のほど、お願い致します。

不躾（ぶしつけ）

無作法で、礼を欠いていること。

例 **不躾**な質問をする。

恐懼（きょうく）

大いに恐れ入り、かしこまること。

例 **恐懼**の念に堪えない。

瑕疵（かし）

傷・欠陥。また、あるべきものが備わっていないさま。

例 計画に**瑕疵**が見つかる。

黄泉（よみ）

死者の魂が行くとされている場所。あの世。冥土。

例 **黄泉**の世界に旅立つ。

煩瑣（はんさ）

細々としていてややこしく、わずらわしいさま。

例 **煩瑣**な手続きを済ませる。

煩型（うるさがた）

何にでも意見し、文句を言いたがる性質。そのような人。

例 **煩型**の意見を聞く。

幼気（いたいけ）

子どもなどの、幼くいじらしいさま。

例 **幼気**な子ども。

寂寥（せきりょう）

心が寂しく、満ち足りないこと。もの寂しいさま。

例　この風景には**寂寥**感がある。

蛮勇（ばんゆう）

あと先を考えず、むやみやたらに発揮する勇気。

例　**蛮勇**な振舞いに憧れる。

出色（しゅっしょく）

他に比べ、際立って優れていること。

例　この絵は**出色**の出来だ。

恣意（しい）

自分の思うまま、感じるままに振舞う心。

例　**恣意**的な判断。

垂涎（すいぜん）

よだれを垂らすこと。あるものを手に入れたいと強く望むこと。

例 マニア**垂涎**の一品。

悠久（ゆうきゅう）

果てしなく長く続くこと。久しく変わらないこと。

例 人類の**悠久**の歴史を感じる。

風雅（ふうが）

高尚で、趣があること。また、そのさま。

例 自然の**風雅**を感じる。

剽窃（ひょうせつ）

他人の文章や考えなどを盗んで使うこと。

例 論文の**剽窃**を固く禁じる。

笑止（しょうし）

笑うべきこと。ばかばかしくて話にならないこと。

例 そんな意見は**笑止**千万だ。

盤石（ばんじゃく）

重く大きな石。また、そのように堅固でびくともしないこと。

例 **盤石**の布陣で臨む。

呪縛（じゅばく）

まじないで動きを封じること。心理的に人の自由を奪うこと。

例 過去の**呪縛**から逃れる。

適宜（てきぎ）

その時々に応じて、ふさわしい行動をとるさま。

例 **適宜**、質問をする。

耽溺（たんでき）

（特に不健全な遊びに）夢中になって、他を顧みないこと。

例 ギャンブルに**耽溺**する。

贖罪（しょくざい）

犠牲や代償を捧げ、罪をつぐなうこと。

例 これは、私にとっての**贖罪**だ。

噴飯（ふんぱん）

あまりのおかしさに、思わず笑ってしまうほどであること。

例 ここで失敗しては**噴飯**ものだ。

零落（れいらく）

落ちぶれること。草や木が枯れ落ちること。

例 名家が**零落**する。

尋問（じんもん）

相手を問いただし、答えを引き出そうとすること。

例 事件の容疑者を**尋問**する。

逐電（ちくでん）

素早く逃げて行方をくらますこと。

例 金を盗んで**逐電**する。

堅牢（けんろう）

ものがしっかりと、丈夫にできていること。

例 この金庫は、**堅牢**なつくりだ。

忸怩（じくじ）

深く恥じるさま。

例 **忸怩**たる思いをする。

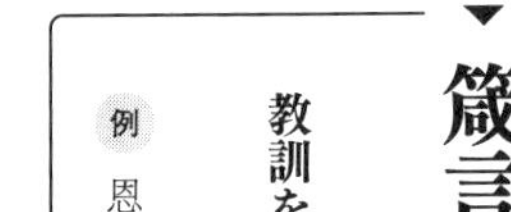

箴言（しんげん）

教訓を含む、短い戒めのことば。

例 恩師からの**箴言**を胸に生きる。

敷衍（ふえん）

意味や趣旨などを、詳細にわかりやすく説明すること。

例 複雑な問題を**敷衍**して論じる。

衣鉢（いはつ）

宗教や芸術などで、師から弟子に伝えられるその道の奥義。

例 師匠の**衣鉢**を継ぐ。

邂逅（かいこう）

思いがけず、偶然出会うこと。巡り合い。

例 旧友との**邂逅**。

駆逐（くちく）

敵など、邪魔なものを追い払うこと。

例 邪魔者を**駆逐**する。

奢侈（しゃし）

身分にふさわしくない、度を越えたぜいたく。

例 **奢侈**な生活を咎められる。

詭弁（きべん）

間違っていることを正しいと思わせる、もっともらしい言い方。

例 その場しのぎの**詭弁**を弄する。

耄碌（もうろく）

年老いて、頭や体の働きが鈍ること。

例 若者について行けず、**耄碌**したと感じる。

諧謔(かいぎゃく)

気が利いていて、滑稽な言葉。冗談。ユーモア。

例 **諧謔**に満ちた芝居。

衒学(げんがく)

自らの学識を自慢し、見せびらかすこと。

例 彼は**衒学**的な物言いをした。

蛇蝎(だかつ)

蛇とさそり。人が忌み嫌うもののたとえ。

例 **蛇蝎**のごとく嫌われる。

蒼生(そうせい)

多くの人々。人民。蒼氓(そうぼう)。

例 **蒼生**が危機に瀕する。

一瞥（いちべつ）

ちらっと見ること。一目見ること。

例　立ち止まって、辺りを**一瞥**する。

一揖（いちゆう）

軽くおじぎをすること。会釈。一礼。

例　知り合いを見つけ、**一揖**した。

雌伏（しふく）

人に屈服して従いながら、力を養い好機を待つこと。

例　今はまだ**雌伏**の時だ。

厚誼（こうぎ）

信頼や愛情のこもった、親しい付き合い。

例　日ごろのご**厚誼**に感謝する。

惹起（じゃっき）

事件や問題などをひきおこすこと。

例 準備不足がこの問題を**惹起**した。

畢竟（ひっきょう）

最終的な結論としては。結局。

例 あれこれ悩んでも、**畢竟**は自分次第だ。

斟酌（しんしゃく）

事情をあれこれ汲み取って、手加減や取捨選択をすること。

例 相手側の心情を**斟酌**する。

埒外（らちがい）

物事の範囲の外。

例 その学問は私の関心の**埒外**だ。

安寧（あんねい）

個人や社会が、穏やかで平和なさま。

例　日々の**安寧**を願う。

膂力（りょりょく）

筋肉による力。腕力。

例　凄まじい**膂力**に圧倒される。

委曲（いきょく）

細やかで詳しいこと。また、そのような事情。

例　**委曲**を尽くして説明する。

重畳（ちょうじょう）

幾重にも重なること。非常に満足なこと。

例　この計画が成功すれば**重畳**だ。

欽慕（きんぼ）

尊敬し、慕うこと。

例 学生時代の恩師を**欽慕**する。

驕慢（きょうまん）

おごり高ぶり、人を見下すこと。また、そのさま。

例 **驕慢**な態度が反感を買う。

蒼穹（そうきゅう）

晴れ渡った空。蒼天。

例 美しい**蒼穹**が広がる。

僥倖（ぎょうこう）

偶然に起こる、思いがけない幸運。幸運を待ち望むこと。

例 **僥倖**に恵まれる。

白眉（はくび）

数多い同類の中で、特別に優れている人やもの。

例　この映画の**白眉**はアクションシーンだ。

唾棄（だき）

つばを吐き捨てるように、非常に軽蔑して嫌うこと。

例　**唾棄**すべき存在。

呵責（かしゃく）

厳しく責め苦しめること。咎めること。

例　良心の**呵責**に耐えられない。

辟易（へきえき）

うんざりして嫌気がさすこと。尻込みすること。

例　通勤の満員電車に**辟易**する。

寸志（すんし）

心ばかりの贈り物。特に相手への贈り物をへりくだっていう。

例 手伝ってくれた後輩に**寸志**を渡す。

義憤（ぎふん）

道義に反することに対しての怒り。

例 汚職事件に**義憤**を感じる。

阿漕（あこぎ）

義理を欠き、図々しいこと。欲張りなこと。

例 **阿漕**な商売をする。

厭世（えんせい）

世の中を嫌い、価値がないと思うこと。

例 **厭世**的な思想にとりつかれる。

隘路（あいろ）

通行が困難なほど狭い道。物事の妨げとなるものや条件。難点。

例 **隘路**に迷い込む。

悄然（しょうぜん）

元気がなく、しょんぼりとしているさま。ひっそりと静かなさま。

例 突然の悪い知らせに、**悄然**とする。

刻苦（こっく）

心身を苦しめ、骨折って努めること。

例 **刻苦**して技術の向上に励む。

天賦（てんぷ）

天から与えられたもの。生まれつきの資質。

例 **天賦**の才能を活かす。

未明（みめい）

夜がまだすっかりとは明けきらない時分。

例 事件は、きょう**未明**に起こった。

払暁（ふつぎょう）

夜明け。明けがた。

例 そろそろ**払暁**にさしかかる。

狼狽（ろうばい）

不意の出来事に慌てること。うろたえること。

例 あまりの出来事に**狼狽**する。

憐憫（れんびん）

同情し、あわれむこと。かわいそうに思うこと。

例 **憐憫**のまなざしを向ける。

忌諱（きき）

おそれて避けること。慣用的に「きい」と読むことも。

例 最悪の事態を**忌諱**する。

些末（さまつ）

取るに足らない、小さな事がら。些細。

例 **些末**なことは問題にしない。

狷介（けんかい）

頑固で意地を張るあまり、人に心を開こうとしないこと。

例 彼の**狷介**さには驚いた。

俯瞰（ふかん）

高い視点から見下ろし、広い範囲を眺めること。鳥瞰（ちょうかん）。

例 問題を**俯瞰**して見てみる。

寛恕（かんじょ）

心が広く、思いやりがあること。相手の過ちを責めずに許すこと。

例 どうかご**寛恕**願います。

累卵（るいらん）

不安定で崩れやすく、物事が極めて危険な状態にあることのたとえ。

例 まさに**累卵**の危うきという状況だ。

才穎（さいえい）

知恵や才能が優れていること。また、その人。

例 彼女はまさに博学**才穎**の人物だ。

永訣（えいけつ）

永遠に離ればなれになること。死別すること。

例 妻とは数年前に**永訣**した。

欺瞞（ぎまん）

人の目を誤魔化し、あざむくこと。

例 そんな理屈は**欺瞞**に過ぎない。

頑陋（がんろう）

愚かなほど頑固で、道理をわきまえないこと。

例 私の父は、**頑陋**な人だ。

篤実（とくじつ）

情け深く、誠実なこと。また、そのさま。

例 彼の長所は**篤実**な人柄だ。

韜晦（とうかい）

自分の才能や地位を隠すこと。また、姿をくらますこと。

例 自己**韜晦**は、自信のなさの表れだ。

阿諛（あゆ）

顔色を見て、相手に媚びること。

例 上司に**阿諛**迎合する。

輪廻（りんね）

人間や動物の魂が生まれ変わっていつまでも世界を巡っていること。

例 私は**輪廻**転生を信じる。

憤懣（ふんまん）

怒りを発散できず、いらいらして悶えること。

例 **憤懣**やるかたない気持ちになる。

怜悧（れいり）

頭が良いこと。利口なこと。

例 **怜悧**な若者を採用する。

乖離（かいり）

関係や結びつきがそむき離れること。遠ざかること。

例　思い描いた理想とは**乖離**している。

刹那（せつな）

極めてわずかな、短い時間。瞬間。

例　後先考えない、**刹那**的な生き方。

吹聴（ふいちょう）

あちこち言いふらして広めること。

例　噂を**吹聴**してまわる。

規矩（きく）

コンパス・さしがね。転じて、行動や考えの規準とするもの。手本。

例　人生の**規矩**を手に入れる。

雁首（がんくび）

キセルの頭部。また、人の首や頭をたとえていう語。

例 大人が**雁首**揃えて何もできず、情けない。

久遠（くおん）

永遠に、いつまでも続くこと。

例 人類の、**久遠**の願い。

随喜（ずいき）

心からありがたく思い、たいへん喜ぶこと。

例 **随喜**の涙を流す。

烏滸（おこ）

愚かで、ばかげていること。また、そのさま。

例 彼の行動は、**烏滸**の沙汰だ。

嗤笑（ししょう）

あざけり笑うこと。冷笑。嘲笑。

例 失敗した者を**嗤笑**する。

企図（きと）

目標に向け、その実現のために計画を立てること。企て。

例 幅広い人材の獲得を**企図**する。

吝嗇（りんしょく）

激しく物惜しみをすること。また、そのさま。けち。

例 彼女は**吝嗇**家として知られている。

怯懦（きょうだ）

気が弱く臆病なこと。意気地のないさま。

例 私の**怯懦**な性格が災いした。

蠱惑（こわく）

あやしい魅力でまどわし、心を乱すこと。

例 **蠱惑**的なまなざしを向ける。

軋轢（あつれき）

関係に不和が生じ、仲が悪くなること。

例 上司との間に**軋轢**が生じる。

巷説（こうせつ）

世間のうわさや評判。

例 **巷説**にまどわされる。

鷹揚（おうよう）

小さなことにこだわらず、ゆったりと構えているさま。

例 **鷹揚**な心構え。

揶揄（やゆ）

対象を皮肉っぽくからかい、おもしろがること。

例 政治を**揶揄**する作品。

不撓（ふとう）

どのような困難にあたっても、決して屈しないこと。

例 **不撓**の精神で練習に励む。

晦渋（かいじゅう）

表現が難しく、意味がわかりにくいこと。

例 **晦渋**な文章を読み解く。

讒言（ざんげん）

他人をおとしいれるため、ありもしない悪い噂を目上の人に流すこと。

例 同僚の**讒言**に苦しめられる。

愁然（しゅうぜん）

物事を憂いて、かなしい思いに沈むさま。

例　かなしい知らせを受けて**愁然**とする。

忽焉（こつえん）

突然であるさま。にわかに。たちまち。忽然。

例　**忽焉**と姿を消す。

慚愧（ざんき）

自分の過ちや見苦しさを顧みて、深く恥じ入ること。

例　**慚愧**の念が押し寄せる。

大童（おおわらわ）

夢中になって力の限り努力・奮闘するさま。

例　引っ越しの準備に**大童**になる。

懸想（けそう）

相手を思うこと。恋い慕うこと。「けしょう」とも。

例 長年の**懸想**が報われる。

陋屋（ろうおく）

小さくてみすぼらしい家。また、自分の家をへりくだっていう語。

例 田舎の**陋屋**に住まう。

瀟洒（しょうしゃ）

洗練され、しゃれているさま。俗っぽさがなく、あか抜けているさま。

例 **瀟洒**なつくりの建物。

怏怏（おうおう）

心が満ち足りず、晴れやかでないさま。

例 気分が**怏怏**としている。

齟齬（そご）

意見や行動が上手くかみ合わないこと。食い違うこと。

例 取引先との認識に**齟齬**が生じる。

徒花（あだばな）

咲いても実を結ばずに散ってしまう花。また、そのような物事。

例 所詮このブームは**徒花**に過ぎないだろう。

寡聞（かぶん）

見聞が狭く、物ごとに疎いさま。

例 **寡聞**にして存じ上げませんでした。

多寡（たか）

数量や程度が多いことと少ないことを示す語。

例 結果によって報酬の**多寡**は左右される。

把持（はじ）

固く握り持つこと。しっかり持つこと。

例 あの政治家は、長年権力を**把持**している。

嚥下（えんげ）

口に含んだものを飲み下すこと。「えんか」とも。

例 食べ物をゆっくりと**嚥下**する。

昵懇（じっこん）

親しく付き合うこと。懇意。

例 彼と私は**昵懇**の間柄だ。

剣呑（けんのん）

危険を感じ取り、不安を覚えるさま。

例 会議は、**剣呑**な雰囲気のまま進んだ。

嚆矢（こうし）

物事の最初。はじまり。

例 些細な思い付きが、計画の**嚆矢**となった。

蹂躙（じゅうりん）

暴力や権力で他を侵害すること。踏みにじること。

例 街がテロリストに**蹂躙**される。

桎梏（しっこく）

行動を厳しく制限し、自由を束縛するもの。手かせ足かせ。

例 様々な**桎梏**から逃れる。

矍鑠（かくしゃく）

年齢を重ねても、丈夫で元気のいいさま。

例 祖父母は今なお**矍鑠**としている。

三字熟語

CHAPTER
02

「二枚舌」「鉄面皮」「檜舞台」など、面白い字面を持つ言葉が多い三字熟語。間違いのないように、しっかりと覚えましょう。漢字まで書けるようになると完璧です。

青天井（あおてんじょう）

青空を天井に見立てていう語。上限がないこと。

例　彼の成長は**青天井**だ。

十八番（おはこ）

その人が最も得意とするもの。

例　カラオケで**十八番**の曲を歌う。

出鱈目（でたらめ）

いい加減で、筋が通っていないこと。また、そのような言動。

例　**出鱈目**なことを言う。

往生際（おうじょうぎわ）

死に際。また、窮地に追いやられたときの態度や決断力。

例　この期に及んでの言い訳は**往生際**が悪い。

気丈夫（きじょうぶ）

気持ちがしっかりしていること。拠り所があり、安心なこと。

例 彼女の**気丈夫**さは頼りになる。

殺風景（さっぷうけい）

趣やおもしろみがなく、退屈なこと。また、そのさま。

例 **殺風景**な部屋に絵を飾る。

蜃気楼（しんきろう）

大気中の光が屈折し、地上に何らかの物体があるように見える現象。

例 **蜃気楼**に触れることはできない。

断末魔（だんまつま）

死ぬ間際の苦しみ。死に際。

例 彼は**断末魔**の叫びをあげた。

正念場（しょうねんば）

真の価値や実力が問われる、極めて重要な場面。

例　チームにとって、ここが**正念場**だ。

千里眼（せんりがん）

遠くの出来事や将来のことを、見通したり感知したりする能力。

例　彼女はまるで**千里眼**を持っているようだ。

色眼鏡（いろめがね）

偏見や先入観に捉われたものの見方をたとえていう語。

例　人を**色眼鏡**で見る。

修羅場（しゅらば）

悲惨な闘いが繰り広げられる場所や状況。

例　数々の**修羅場**をくぐり抜ける。

胸算用（むなざんよう）

胸の内で見積もりを立てること。

例 **胸算用**ではあてにならない。

屁理屈（へりくつ）

筋の通らない、こじつけの理屈。

例 そんな**屁理屈**は通用しない。

風雲児（ふううんじ）

世の中の気運に合わせて活動する、優れた人物。

例 歌舞伎界の**風雲児**として名を馳せる。

昼行灯（ひるあんどん）

昼間に点いた行灯のように、ぼんやりと間の抜けたような人。

例 彼はぼんやりしていて、まるで**昼行灯**だ。

紋切型（もんきりがた）

先入観や思い込みで、やり方が決まりきっていること。

例 **紋切型**の考えを改める。

過不足（かふそく）

量や度合いが大きすぎることと、足らないこと。

例 予算を**過不足**なく使い切る。

自堕落（じだらく）

生活や態度にだらしがないこと。

例 失恋して**自堕落**な生活を送る。

御転婆（おてんば）

慎みや恥じらいがなく、活動的であること。

例 **御転婆**な性格を気に入られる。

付焼刃（つけやきば）

その場しのぎの間に合わせで、知識や技術などを身につけること。

例 期末テストに**付焼刃**で臨む。

似而非（えせ）

本物ではない、まやかしのもの。つまらないもの。「似非」とも。

例 どれだけ真似ても、所詮は**似而非**だ。

羞恥心（しゅうちしん）

恥ずかしく思う気持ち。恥じらい。

例 **羞恥心**を捨てるのは難しい。

有頂天（うちょうてん）

もとは仏語で、喜びのあまりうわの空になってしまうことのたとえ。

例 志望校に合格して**有頂天**になる。

風物詩（ふうぶつし）

その季節の特徴や雰囲気をよく表しているもの。

例 花火は夏の**風物詩**だ。

不可欠（ふかけつ）

必ず無くてはならないこと。また、そのさま。

例 彼女はこのプロジェクトに**不可欠**だ。

大黒柱（だいこくばしら）

家の中央に立てる太い柱。また、組織の中心にいて、頼りになる人。

例 一家の**大黒柱**を担う。

臨場感（りんじょうかん）

本当にその場にいるような感じ。

例 **臨場感**のある映画。

不謹慎（ふきんしん）

遠慮や慎みがなく、ふざけたような態度であること。

例 喪中に**不謹慎**なことはできない。

野次馬（やじうま）

無関係の出来事に対し、興味本位で騒ぎ立てること。また、その人。

例 火事の現場に**野次馬**が集まる。

破天荒（はてんこう）

誰もなし得なかったことをすること。

例 **破天荒**な振舞いをする。

居丈高（いたけだか）

相手を威圧するような態度をとるさま。「威丈高」とも。

例 部下に**居丈高**な態度をとる。

筆無精（ふでぶしょう）

手紙などの文章を、面倒がって書こうとしない人。「筆不精」とも。

例　**筆無精**のあまり、手紙の返事が遅れる。

出無精（でぶしょう）

外出を億劫がり、ずっと家にいる人。「出不精」とも。

例　**出無精**なので休日はずっと家にいる。

風見鶏（かざみどり）

鶏を模した風向計。また、状況を見て都合の良い側にばかりつく人。

例　何度も意見を変えて、あれでは**風見鶏**だ。

青二才（あおにさい）

（あざけりや謙遜を込めて）年が若く、未熟な男性を指していう語。

例　彼はまだまだ**青二才**だ。

分相応（ぶんそうおう）

その人の立場や能力に見合っていること。

例 このくらいの値段が**分相応**だろう。

為政者（いせいしゃ）

政治を行う者。政権を握っている者。

例 自国の**為政者**を批判する。

仏頂面（ぶっちょうづら）

無愛想で、不機嫌そうな顔つき。

例 上司の**仏頂面**に萎縮する。

破廉恥（はれんち）

恥を恥とも思わないさま。（主に）性的にみだらなさま。

例 **破廉恥**な言動を咎められる。

門外漢（もんがいかん）

その物事に関係のない人。専門外の人。

例 私は数学に関しては**門外漢**だ。

高飛車（たかびしゃ）

相手を威圧し、押さえつけるような態度をとること。

例 **高飛車**な態度が鼻に付く。

醍醐味（だいごみ）

物事の本当の楽しさや味わい。

例 焚き火こそキャンプの**醍醐味**だ。

金輪際（こんりんざい）

（あとに打消しの語を伴って）絶対に。断じて。あくまでも。

例 **金輪際**あんな人とは関わりたくない。

天邪鬼（あまのじゃく）

妖怪の一つ。また、素直でなく、わざと相手に逆らおうとする人のたとえ。

例 私の**天邪鬼**な性格が災いした。

懐具合（ふところぐあい）

所持金や金回りの具合。

例 **懐具合**と相談して、外食を控える。

八百長（やおちょう）

真剣勝負に見せかけながら、打ち合わせ通りに試合などをすること。

例 相撲の**八百長**問題が取り沙汰される。

音沙汰（おとさた）

便り。連絡。様子の知らせ。

例 あれ以来、彼女からは**音沙汰**がない。

根無草（ねなしぐさ）

確かな拠り所を持たない人や物のたとえ。

例 彼は会社に属さない**根無草**だ。

下剋上（げこくじょう）

立場が下の者が上の者に打ち勝つこと。

例 このチームの優勝は、まさしく**下剋上**だ。

青写真（あおじゃしん）

設計図などに用いる写真の一種。また将来ついてのおおよその計画。

例 プロジェクトの**青写真**を描く。

無礼講（ぶれいこう）

身分の上下を気にせず、礼儀を無視して行う宴会。

例 今日は**無礼講**で飲もう。

白眼視（はくがんし）

軽蔑するような、冷たい目つきで見ること。

例 世間から**白眼視**される。

生一本（きいっぽん）

混じりけのないこと・もの。真っ直ぐで、ひたむきなさま。

例 彼の**生一本**な性格は尊敬に値する。

村八分（むらはちぶ）

掟を破った村民を迫害すること。一般に、仲間外れにすること。

例 禁忌を破って**村八分**にされる。

千鳥足（ちどりあし）

酒に酔って、左右にふらふらと歩くこと。また、その歩き方。

例 **千鳥足**で家路につく。

御破算（ごはさん）

それまでのことが帳消しになり、はじめの状態に戻ること。

例 当初の計画はすべて**御破算**になった。

地団駄（じだんだ）

悔しがって、何度も地面を踏みつけること。

例 悔しさのあまり、**地団駄**を踏む。

未曾有（みぞう）

いまだかつてなかった、珍しい事態。

例 これは人類にとって**未曾有**の危機だ。

雨模様（あめもよう）

雨が降りそうな様子。近年では「雨が降っている」の意で使われることも。

例 今夜は**雨模様**だ。

横恋慕（よこれんぼ）

他人の配偶者または恋人に、横合いから恋をすること。

例 実らぬ**横恋慕**は辛いものだ。

不如意（ふにょい）

思い通りにならないこと。家計が苦しいこと。

例 **不如意**な生活を強いられる。

用心棒（ようじんぼう）

万が一の危機に備え、身辺に置いておく人物。

例 大勢の**用心棒**を従える。

小利口（こりこう）

抜け目がなく、こざかしいこと。

例 顔色を窺い、**小利口**に立ち回る。

猪口才（ちょこざい）

生意気で、こざかしいこと。また、そのような人。

例 **猪口才**なやり方で成功する。

逃避行（とうひこう）

世間の目をはばかり、あちこち隠れて逃げ回ること。

例 あてのない**逃避行**を続ける。

二枚舌（にまいじた）

嘘をついたり、矛盾したことを言ったりすること。

例 彼の**二枚舌**にはうんざりだ。

値千金（あたいせんきん）

極めて価値が高いこと。

例 ここで打てば**値千金**のホームランだ。

日和見（ひよりみ）

情勢を窺い、自分の立場をすぐに決めないこと。

例 **日和見**主義な考え方には賛同できない。

目論見（もくろみ）

計画・くわだて。また、その内容。

例 私の**目論見**は外れた。

前哨戦（ぜんしょうせん）

本格的な戦闘や活動の前の、手始めの行動。

例 これはまだ**前哨戦**に過ぎない。

昔気質（むかしかたぎ）

古風で伝統のあるものを守り通そうとする気風。また、そのさま。

例 **昔気質**の職人はずいぶん減ってしまった。

野暮天（やぼてん）

極めて野暮なこと。粋や風流とは無縁の人。

例　ここでお金の話を持ち出すのは**野暮天**だ。

浅知恵（あさぢえ）

浅はかで、取るに足らない考え。

例　私の**浅知恵**ではどうにもならない。

役不足（やくぶそく）

実力に比べ、役職・役割が軽すぎること。

例　部長にこの案件は**役不足**だ。

幾星霜（いくせいそう）

苦労を重ねたうえでの長い年月。

例　**幾星霜**を経て今日に至る。

左団扇（ひだりうちわ）

生活に心配がなく、気楽に暮らすさまのたとえ。

例 **左団扇**でのんびり暮らしたい。

鉄面皮（てつめんぴ）

図々しく、厚かましいこと。また、そのような人。

例 なんて**鉄面皮**なことを言うんだ。

大団円（だいだんえん）

演劇や小説などが、めでたく収まる最後の場面。フィナーレ。

例 芝居は**大団円**で幕を下ろした。

閑古鳥（かんこどり）

カッコウの別名。客がなく寂れた様子を「閑古鳥が鳴く」という。

例 地元の商店街は**閑古鳥**が鳴いている。

形而上（けいじじょう）

形が無く、抽象的・観念的なもの。

⇕形而下

例 **形而上**的な話ばかりしても仕方がない。

風馬牛（ふうばぎゅう）

自分とは全く関係がないこと。また、そのような態度をとること。

例 彼はこの問題に対して全くの**風馬牛**だ。

大往生（だいおうじょう）

不安や苦しみもなく、安らかに死ぬこと。立派な死を遂げること。

例 往年の銀幕スターが**大往生**を遂げた。

摩天楼（まてんろう）

天まで届くような、高層建築。

例 東京の**摩天楼**を見上げる。

不条理（ふじょうり）

筋道が通らないこと。道理に合わないこと。

例 社会の**不条理**に揉まれる。

不可逆（ふかぎゃく）

一度変化してしまえば、再び元の状態には戻らないこと。

例 問題の**不可逆**的な改善を目指す。

耳学問（みみがくもん）

自分で学習せず、他人から聞きかじって得た知識。

例 **耳学問**に過ぎないので、断言はできない。

千秋楽（せんしゅうらく）

演劇などの興行の最終日。「千穐楽」とも。

例 全国の興行が無事、**千秋楽**を迎えた。

天王山（てんのうざん）

勝敗の決め手となる、極めて重要な局面。

例　この試合が優勝への**天王山**になるだろう。

急先鋒（きゅうせんぽう）

物事の先頭に立ち、盛んに主張や行動をすること。また、その人。

例　業界の**急先鋒**が意見を取りまとめる。

真骨頂（しんこっちょう）

その人・物が本来持っている価値や力がよく表れた姿。

例　ドリブルがこの選手の**真骨頂**だ。

登竜門（とうりゅうもん）

成功や出世のためには避けて通れない関門。

例　このオーディションは若手の**登竜門**だ。

大上段（だいじょうだん）

相手を威圧するように、事実や意見などを高く掲げることのたとえ。

例 意見を**大上段**に振りかざす。

老婆心（ろうばしん）

親切さのあまり、あれこれと必要以上に気を遣うこと。

例 **老婆心**から、後輩にアドバイスをする。

依怙地（いこじ）

つまらないことに対して、かたくなに意地を張ること。「意固地」とも。

例 こんなことに**依怙地**になっても仕方ない。

過渡期（かとき）

物事が移り変わっていく最中の、まだ不安定な時期。

例 いまがチームにとって大事な**過渡期**だ。

不文律（ふぶんりつ）

明記されていない規則や慣習。暗黙の了解。

例 業界の**不文律**を破る。

不得手（ふえて）

得意でないこと。苦手なこと。また、そのさま。

例 この科目はどうも**不得手**だ。

瀬戸際（せとぎわ）

勝敗や生死に関わるような、運命の分かれ目。

例 ここが勝負の**瀬戸際**だ。

義侠心（ぎきょうしん）

仁義を重んじ、他人を放っておけないような心・気性。

例 **義侠心**から、人助けをする。

屋台骨（やたいぼね）

その組織や一家を支える中心となる物や人。

例 彼女はこのチームの**屋台骨**だ。

独壇場（どくだんじょう）

その人だけが好き放題に活躍できる場所・局面。

例 情報戦は彼の**独壇場**だ。

好好爺（こうこうや）

気のいい、優しそうなおじいさん。

例 厳格だった父も、今はすっかり**好好爺**だ。

内弁慶（うちべんけい）

家では威張っていても、外では意気地のないこと。また、そのような人。

例 弟は典型的な**内弁慶**だ。

暗暗裏（あんあんり）

誰も知らないうち。こっそり。

例　プロジェクトを**暗暗裏**に進める。

一家言（いっかげん）

見識を持った、その人独特の意見や主張。

例　彼は食に対して**一家言**を持っている。

不養生（ふようじょう）

健康を気にかけないこと。

例　日ごろの**不養生**がたたって、体調を崩す。

無尽蔵（むじんぞう）

いくら取ったり使ったりしても尽きないほど、量が豊富であること。

例　彼女の長所は**無尽蔵**なスタミナだ。

試金石（しきんせき）

貴金属の質を調べる石。転じて、そのものの良し悪しを試すような物事。

例 この計画が今後の**試金石**になるだろう。

審美眼（しんびがん）

美しいものや価値があるものを見極める能力。

例 **審美眼**を養う。

下手物（げてもの）

大衆向けの素朴な品物。また、風変わりなものにもいう。

例 **下手物**料理の専門店に行く。

運鈍根（うんどんこん）

物事の成功に必要な、運の良さ、粘り強さ、根気の良さ。

例 成功の秘訣は**運鈍根**の三つだ。

無定見（むていけん）

決まった意見や考えを持たず、頼りないさま。

例　**無定見**な振舞いを反省する。

怪気炎（かいきえん）

かえって真実味がないほど、盛んな意気。

例　彼の**怪気炎**にはうんざりだ。

袋小路（ふくろこうじ）

行き止まりになっている小路。転じて、物事が行き詰まった状態。

例　会議が**袋小路**に入り込んでしまった。

一張羅（いっちょうら）

持っているなかで最も上等な着物。また、一枚しかない、着たきりの着物。

例　**一張羅**を着てパーティーに出掛ける。

太平楽（たいへいらく）

のんきに構えていること。好き放題に振舞うこと。

例 **太平楽**を言っている場合ではない。

無調法（ぶちょうほう）

知識や技術が十分でなく、行き届いていないこと。下手。

例 自分の**無調法**を詫びる。

急進的（きゅうしんてき）

変化や進歩を積極的に求めるさま。

例 彼女の**急進的**な意見が注目された。

出羽守（でわのかみ）

「海外ではこうだ」などと、何かにつけて他者を引き合いに出す人。

例 彼は外国かぶれの**出羽守**だ。

半可通（はんかつう）

知ったかぶりをする人。また、そのようなさま。

例　**半可通**と言われないために勉強をする。

唐変木（とうへんぼく）

勘が鈍く、気の利かない人をののしっていう語。

例　**唐変木**だとののしられて落ち込む。

桃源郷（とうげんきょう）

俗世を離れた別世界。理想郷。

例　ここは私にとっての**桃源郷**だ。

生兵法（なまびょうほう）

知識や経験、技術が中途半端にしか身についていないこと。

例　**生兵法**でどうにかなる相手ではない。

野放図（のほうず）

自由気ままなさま。身勝手なさま。

例 **野放図**極まりない態度。

金字塔（きんじとう）

「ピラミッド」の意で、後世に残る優れた事業や業績をたとえていう語。

例 推理小説界に**金字塔**を打ち立てる。

美人局（つつもたせ）

男女が共謀し、その女と関係を持った他の男を恐喝すること。

例 **美人局**の被害者が続出する。

風来坊（ふうらいぼう）

決まった拠り所を持たず、どこからともなくやって来た人。

例 兄はまさしく**風来坊**と言える人だ。

下馬評（げばひょう）

第三者による様々な批評や評価。世間の評判。

例　勝敗はおそらく**下馬評**通りだろう。

丼勘定（どんぶりかんじょう）

金の管理や勘定が甘く、大雑把なこと。

例　**丼勘定**でお金を扱うべきではない。

檜舞台（ひのきぶたい）

たいへん名誉のある、晴れの舞台・場所。

例　苦労を重ねてようやく**檜舞台**に立つ。

神通力（じんつうりき）

人智を超えた、特殊な能力。「じんずうりき」とも。

例　あの能力は**神通力**と呼ばざるを得ない。

不世出（ふせいしゅつ）

世の中に二つとないほど、優れていること。

例 **不世出**の天才をスカウトする。

敵愾心（てきがいしん）

敵に対する憤りや、争おうとする闘志。

例 ライバルに**敵愾心**を抱く。

好事家（こうずか）

変わった物事に関心を寄せる人。物好き。また、風流を好む人。

例 これは**好事家**にはたまらない品だろう。

外連味（けれんみ）

奇抜さを狙った、はったりやごまかし。

例 タイトルにはもっと**外連味**が必要だ。

素封家（そほうか）

大金持ち。資産家。

例　彼はこのあたりでは有名な**素封家**だ。

不退転（ふたいてん）

信念を曲げず、困難にも屈しないこと。

例　**不退転**の意志を持って仕事をする。

氏素性（うじすじょう）

家柄。家系。

例　**氏素性**がはっきりしない、怪しい人物。

先覚者（せんかくしゃ）

見識に優れ、世間より早く物事の道理や時代の移り変わりを見抜く人。

例　彼女はその道の**先覚者**として有名だ。

麒麟児（きりんじ）

極めて優秀で、将来に期待ができる若者。

例 幼い頃から**麒麟児**として注目される。

素寒貧（すかんぴん）

貧乏で何も持たないこと。また、その人。

例 とうとう**素寒貧**になってしまった。

伏魔殿（ふくまでん）

魔物がひそむ殿堂。転じて、悪事などが企まれている場所。

例 **伏魔殿**に潜入する。

長広舌（ちょうこうぜつ）

長々としゃべり続けること。「広長舌」とも。

例 講師が壇上で**長広舌**をふるう。

娑婆気（しゃばけ）

俗世間の名誉や利益に執着する心。

例 **娑婆気**がすっかりと抜ける。

短兵急（たんぺいきゅう）

極めて急であるさま。だしぬけ。

例 あまりに**短兵急**な意見には精査が必要だ。

金釘流（かなくぎりゅう）

金釘を並べたような下手な字のたとえ。

例 彼の字は**金釘流**で読みにくい。

一隻眼（いっせきがん）

一つの目。物事を見抜く、独自の見識。

例 上司の**一隻眼**を信用する。

名伯楽（めいはくらく）

優れた人材を見抜く力を持った人。

例 あのチームの監督は**名伯楽**だ。

玄人跣（くろうとはだし）

素人でありながら、専門家に引けを取らないこと。

例 彼の料理の腕前は**玄人跣**だ。

朴念仁（ぼくねんじん）

愛想がなく、無口な人。わからず屋。

例 彼ほどの**朴念仁**は見たことがない。

韋駄天（いだてん）

もとは仏法の守護神の一つで、足が速い人をたとえていう語。

例 彼の足の速さはまさに**韋駄天**だ。

四字熟語

CHAPTER
03

スローガンや、座右の銘としても使われることが多い四字熟語。複雑な意味や心情を簡潔に表現できる便利な熟語なので、是非マスターしましょう。

一蓮托生（いちれんたくしょう）

どのような結果になろうと、行動や運命をともにすること。

例 私と彼女は**一蓮托生**の仲だ。

曖昧模糊（あいまいもこ）

物事の状態や様子がはっきりせず、ぼんやりしているさま。

例 **曖昧模糊**とした不安に襲われる。

雲散霧消（うんさんむしょう）

雲や霧のように、物事が跡形もなく消えうせること。

例 社運を賭けた計画が**雲散霧消**した。

茫然自失（ぼうぜんじしつ）

呆気にとられて、気が抜けてしまうこと。我を忘れてしまうこと。

例 あまりのショックに**茫然自失**となる。

五里霧中（ごりむちゅう）

物事の事情が何もわからず、判断がつかないことのたとえ。

例 何もかも手探りで、まさしく**五里霧中**だ。

盛者必衰（じょうしゃひっすい）

勢いの盛んな者もいつかは衰えるということ。この世は無常だということ。

例 この世は**盛者必衰**だから、油断は禁物だ。

艱難辛苦（かんなんしんく）

大きな災難が降りかかり、苦しみ悩むこと。

例 **艱難辛苦**を乗り越えて試験に合格する。

慇懃無礼（いんぎんぶれい）

丁寧に接しすぎて、かえって無礼に感じられるさま。

例 その態度はかえって**慇懃無礼**だ。

竜頭蛇尾（りゅうとうだび）

初めは勢いが良いが、尻すぼみに終わっていくこと。

例 この流行も**竜頭蛇尾**に終わるだろう。

理路整然（りろせいぜん）

しっかりと順序立てられ、筋が通っているさま。

例 **理路整然**とした説明はなかなか難しい。

有象無象（うぞうむぞう）

数多く存在する、雑多でくだらない人間や物。

例 **有象無象**と言われないよう個性を磨く。

和洋折衷（わようせっちゅう）

日本と西洋、それぞれの様式を上手く調和させること。

例 **和洋折衷**を心掛けた献立。

流言飛語（りゅうげんひご）

根も葉もないでたらめな情報や噂。

例 **流言飛語**に惑わされる。

悠悠自適（ゆうゆうじてき）

俗世間のわずらわしさから解放され、思うままにゆったりと過ごすこと。

例 海外で**悠悠自適**に暮らす。

満身創痍（まんしんそうい）

精神的・肉体的に、ひどく傷だらけであること。

例 仕事のストレスで**満身創痍**だ。

無病息災（むびょうそくさい）

怪我や病気もなく、健康であること。

例 家族の**無病息災**を願う。

傍若無人（ぼうじゃくぶじん）

他人の目を気にかけず、自分勝手に振舞うこと。

例　**傍若無人**な振舞いを慎む。

平身低頭（へいしんていとう）

頭を低く下げ、恐縮すること。かしこまること。

例　**平身低頭**して謝る。

叱咤激励（しったげきれい）

大きな声で励まし、相手を奮い立たせること。

例　上司からの**叱咤激励**で、やる気が出る。

千載一遇（せんざいいちぐう）

またとないほど珍しく恵まれた状態。

例　相手を見返す**千載一遇**のチャンスだ。

酒池肉林（しゅちにくりん）

酒や食べ物がふんだんにある、贅沢をきわめた酒宴のたとえ。

例 **酒池肉林**の宴を開く。

畏怖嫌厭（いふけんえん）

特定の物事を恐れること。嫌がること。

例 彼女は昆虫を**畏怖嫌厭**している。

獅子奮迅（ししふんじん）

非常な勢いで行動したり、物事に対処したりすること。

例 新人ながら、**獅子奮迅**の活躍を見せる。

意馬心猿（いばしんえん）

煩悩に心が乱されて、落ち着かないこと。

例 **意馬心猿**の状態では集中できない。

思慮分別（しりょふんべつ）

物事の道理や善悪などを、注意深く判断すること。また、その能力。

例 **思慮分別**のある大人になるべきだ。

付和雷同（ふわらいどう）

自分の主張を持たず、軽々しく他人に同調すること。

例 むやみに**付和雷同**するのは良くない。

閑話休題（かんわきゅうだい）

本題から逸れてしまった話を元に戻すときに用いる語。それはさておき。

例 **閑話休題**、本題に戻ろう。

明鏡止水（めいきょうしすい）

邪念のない、おだやかで澄んだ心。

例 **明鏡止水**の気持ちで本番に臨む。

行雲流水（こううんりゅうすい）

空を行く雲と水の流れ。物事にこだわらず、成り行きに身を任せること。

例 彼女の性格はまさしく**行雲流水**だ。

一意専心（いちいせんしん）

一つの事に集中し、夢中で力を注ぐこと。

例 試験合格のため、勉強に**一意専心**する。

我田引水（がでんいんすい）

自分の利益だけを考え、都合の良いように行動したりすること。

例 **我田引水**な考えは、周りに迷惑をかける。

意味深長（いみしんちょう）

表現に深みがあり、裏に別の意味が隠されているということ。

例 彼は何やら**意味深長**なことを言った。

巧言令色（こうげんれいしょく）

言葉や表情を巧みに取り繕い、人に取り入ること。

例 **巧言令色**で上司に取り入る。

色即是空（しきそくぜくう）

仏語。形を持つものはすべて、その本質は空（くう）であるということ。

例 この世は**色即是空**だと達観する。

博覧強記（はくらんきょうき）

多様な書物を読み、広い知識を蓄えていること。

例 教授の**博覧強記**ぶりには驚かされる。

自縄自縛（じじょうじばく）

自分の考えや行動が自分を縛って、自由が奪われること。

例 **自縄自縛**にならないよう注意する。

薄利多売（はくりたばい）

儲けが少なくても、たくさん売り上げることで利益を得ること。

例 **薄利多売**の精神で商売をする。

四面楚歌（しめんそか）

周囲を敵に囲まれ、全く助けがないこと。また、そのさま。

例 皆と意見が合わず、**四面楚歌**になる。

臥薪嘗胆（がしんしょうたん）

（特に復讐などを）心に誓って苦心し、努力を重ねること。

例 **臥薪嘗胆**の思いで練習を重ねる。

急転直下（きゅうてんちょっか）

物事が非常な勢いで変化すること。急激に結末に向かうこと。

例 物語は**急転直下**の結末を迎えた。

周章狼狽（しゅうしょうろうばい）

大いに慌てること。うろたえ騒ぐこと。

例　責任を追及され、**周章狼狽**する。

大器晩成（たいきばんせい）

本当に優れた人物は、大成するまで時間がかかるということ。

例　彼はおそらく**大器晩成**するタイプだ。

一日千秋（いちじつせんしゅう）

一日が非常に長く感じられること。待ち遠しく思うこと。

例　**一日千秋**の思いで連休を待つ。

荒唐無稽（こうとうむけい）

言動に根拠がなく、でたらめなこと。また、そのさま。

例　**荒唐無稽**な発言は相手にされない。

粉骨砕身（ふんこつさいしん）

骨身を惜しまず、力の限り働くこと。

例 **粉骨砕身**して家族のために尽くす。

異口同音（いくどうおん）

多くの人がみな、口を揃えて同じ意見をいうこと。

例 社内の誰もが**異口同音**で賛成した。

頑固一徹（がんこいってつ）

自分の主義主張を曲げずに押し通すこと。また、そのような人。

例 彼には**頑固一徹**なところがある。

驚天動地（きょうてんどうち）

世の中をひどく驚かせること。

例 彼女は**驚天動地**の技術を見せつけた。

虚心坦懐（きょしんたんかい）

しがらみやわだかまりがなく、気持ちがさっぱりとしていること。

例 **虚心坦懐**に意見を出し合う。

森羅万象（しんらばんしょう）

宇宙に存在するいっさいの物事・事象。

例 **森羅万象**に感謝して生活する。

聖人君子（せいじんくんし）

優れた教養や人徳を備えた、理想的な人物。

例 彼は**聖人君子**と呼ぶにふさわしい人間だ。

大言壮語（たいげんそうご）

実力に見合わない、大それたことを言うこと。

例 **大言壮語**して自分を奮い立たせる。

花鳥風月（かちょうふうげつ）

自然の美しい景色。また、それらをたしなむ風流な遊び。

例 都会を離れ、**花鳥風月**に触れる。

孤軍奮闘（こぐんふんとう）

孤立していて援助のないなかで、懸命に努力すること。

例 組織の中で**孤軍奮闘**する。

温故知新（おんこちしん）

昔のことを学び、そこから新たな知識を見つけ出すこと。

例 **温故知新**の精神で生まれた技術。

東奔西走（とうほんせいそう）

あちこちとせわしなく走り回ること。

例 ノルマ達成のため**東奔西走**した。

公私混同（こうしこんどう）

公的なことと私的なことを区別せず扱うこと。

例 **公私混同**を咎められる。

独立独歩（どくりつどっぽ）

他に頼らず、自分の思うままに行動すること。

例 自信をもって、**独立独歩**で活動する。

遮二無二（しゃにむに）

後先を考えず、がむしゃらに行動するさま。

例 目の前の課題を**遮二無二**頑張る。

当意即妙（とういそくみょう）

その場に上手く適応し、すばやく機転を利かせること。

例 相手の冗談に**当意即妙**な返しをする。

馬耳東風（ばじとうふう）

人の意見を気にかけず、聞き流すこと。

例 彼女には何を言っても**馬耳東風**だ。

百花繚乱（ひゃっかりょうらん）

花が咲き乱れること。優れた人物や業績が一度に多くあらわれること。

例 **百花繚乱**の作品が集まる美術展。

玉石混淆（ぎょくせきこんこう）

優れたものとつまらないものが入り混じっていること。

例 ネットの情報は**玉石混淆**だ。

一騎当千（いっきとうせん）

一人で大勢に対抗できるほどの知識や経験のあること。

例 人気選手が**一騎当千**の大活躍をした。

舌先三寸（したさきさんずん）

口先だけのうまい言葉で、真心や実感は伴っていないこと。

例　**舌先三寸**で相手を言いくるめる。

二束三文（にそくさんもん）

いくら量が多くても、値段が非常に安いこと。

例　ブランド品を**二束三文**で売り飛ばす。

前途多難（ぜんとたなん）

将来に多くの困難が待ち受けているさま。

例　当社の経営は**前途多難**だ。

支離滅裂（しりめつれつ）

言動などにまとまりがなく、筋道が立っていないさま。

例　言っていることが**支離滅裂**だ。

一朝一夕（いっちょういっせき）

ひと朝・ひと晩。極めて短い時間のたとえ。

例 技術は**一朝一夕**では身に付かない。

二律背反（にりつはいはん）

矛盾する二つの判断が、同じだけの妥当性や合理性を持っていること。

例 二人の意見は**二律背反**している。

一病息災（いちびょうそくさい）

一つくらい持病がある方が、かえって体を気遣い長生きできるということ。

例 **一病息災**の精神で長生きする。

真実一路（しんじついちろ）

どこまでも真実を求め、それを貫くこと。

例 **真実一路**を理想に掲げる。

天真爛漫（てんしんらんまん）

気取らず、ありのままであること。無邪気で明るいこと。

例　彼女の**天真爛漫**な性格は人に好かれる。

日進月歩（にっしんげっぽ）

一日一日、絶えまなく進歩すること。

例　現代の**医療技術**は日進月歩だ。

一味同心（いちみどうしん）

同じ目的の下に集まり、力を合わせること。また、そのような仲間。

例　**一味同心**の仲間と夢をかなえる。

徹頭徹尾（てっとうてつび）

最初から最後まですべて。あくまでも。

例　一度決めたら**徹頭徹尾**やり遂げる。

三寒四温（さんかんしおん）

（主に冬季に）寒い日が三日続くと、その後は四日ほど暖かい日が続くこと。

例 **三寒四温**の気候で風邪をひく。

枝葉末節（しようまっせつ）

本質から外れた、あまり大切でない部分。

例 この議題はあくまで**枝葉末節**に過ぎない。

謹厳実直（きんげんじっちょく）

極めて真面目で、慎み深いさま。

例 彼女の**謹厳実直**な人柄が評価された。

豪放磊落（ごうほうらいらく）

度量が大きく、小さなことは問題にしないさま。

例 彼は**豪放磊落**な態度をとった。

品行方正（ひんこうほうせい）

行いがきちんとして立派なこと。また、そのさま。

例　**品行方正**さが求められる場面。

初志貫徹（しょしかんてつ）

当初の志を最後まで貫き通すこと。

例　何事も**初志貫徹**できる人は立派だ。

暗中模索（あんちゅうもさく）

手がかりのないまま、探り探り物事を進めること。

例　商品の開発は、**暗中模索**の日々だった。

勧善懲悪（かんぜんちょうあく）

善い行いを勧め、悪い行いは懲らしめること。

例　**勧善懲悪**のストーリーは観客に喜ばれる。

国士無双（こくしむそう）

国中に二人といないほど、優れた人物のこと。

例 **国士無双**の強さを誇る格闘家。

大義名分（たいぎめいぶん）

行動の拠り所となる、正当な理由や根拠。

例 **大義名分**を掲げ、意見を押し通す。

厚顔無恥（こうがんむち）

厚かましく、図々しいこと。恥知らずなさま。

例 彼女の**厚顔無恥**な態度には辟易する。

手練手管（てれんてくだ）

あの手この手で人を操り騙す技巧・方法。

例 **手練手管**で相手を丸め込む。

悲喜交交（ひきこもごも）

喜びや悲しみが次々と沸き起こるさま。

例　今日に至るまで**悲喜交交**いろいろあった。

天変地異（てんぺんちい）

地震や台風など、自然界に起こる異変。

例　**天変地異**への備えが大切だ。

唯唯諾諾（いいだくだく）

良し悪しに関わらず、何でも他人の言いなりになるさま。

例　**唯唯諾諾**と従うだけでは成長はない。

破顔一笑（はがんいっしょう）

表情を崩し、にっこりと笑みを見せるさま。

例　彼は私の言葉に**破顔一笑**した。

風光明媚（ふうこうめいび）

自然の景色が美しく、眺めが素晴らしいこと。

例 **風光明媚**な観光地を訪れる。

針小棒大（しんしょうぼうだい）

物事を大げさに誇張して伝えること。また、そのさま。

例 **針小棒大**な話し方は信用を失う。

公明正大（こうめいせいだい）

私情を挟まず、公平で堂々としていること。また、そのさま。

例 彼女は**公明正大**な人物だ。

天網恢恢（てんもうかいかい）

悪事・悪人は必ず報いを受けるということ。「――疎にして漏らさず」の略。

例 **天網恢恢**疎にして漏らさずの精神を持つ。

八面六臂（はちめんろっぴ）

多方面にわたって、めざましい働きを示すこと。

例　**八面六臂**の大活躍を見せる。

晴耕雨読（せいこううどく）

世間のしがらみから離れ、田園でゆったりと悠悠自適の生活をすること。

例　田舎で**晴耕雨読**の生活をする。

一挙両得（いっきょりょうとく）

一つの行動で、同時に二つの利益を得ること。

例　この案件は、当社にとって**一挙両得**だ。

山紫水明（さんしすいめい）

自然の景色が美しいことを指していう語。

例　**山紫水明**の地に憧れる。

朝三暮四（ちょうさんぼし）

目先の違いに捉われて、結局は同じであることに気づかないこと。

例 焦って**朝三暮四**になるのは避けたい。

朝令暮改（ちょうれいぼかい）

指示や命令が頻繁に変わり、当てにならないこと。

例 **朝令暮改**の指導者には付いていけない。

一気呵成（いっきかせい）

文章などを一息に書き上げること。物事を一気に成し遂げること。

例 敵陣に**一気呵成**に攻め込む。

海千山千（うみせんやません）

経験を十分に積み、隅々まで知り尽くしていてずる賢いこと。したたか者。

例 **海千山千**の強者が集う。

質実剛健（しつじつごうけん）

飾り気がなく、強くたくましいこと。また、そのさま。

例 彼には**質実剛健**の気風がある。

勇往邁進（ゆうおうまいしん）

目標に向かい、恐れずに前進していくこと。

例 夢に向かって**勇往邁進**する。

泰然自若（たいぜんじじゃく）

落ち着いていて、事件や問題にも動じないさま。

例 彼女は**泰然自若**として全く動じなかった。

快刀乱麻（かいとうらんま）

もつれてややこしい問題を、鮮やかに処理することのたとえ。

例 **快刀乱麻**を断つような解決策。

諸行無常（しょぎょうむじょう）

すべてのものは常に変化し続け、永久に変わらないものはないということ。

例 季節の移り変わりに**諸行無常**を感じる。

栄枯盛衰（えいこせいすい）

栄えることと衰えること。物事のはかなさを表す語。

例 江戸幕府の**栄枯盛衰**を学ぶ。

右顧左眄（うこさべん）

周囲の意見ばかり気にして、自分はなかなか決断しないこと。

例 すぐに**右顧左眄**してしまう性格。

羊頭狗肉（ようとうくにく）

見かけは立派でも、内容が伴っていないこと。

例 この商品は、まさに**羊頭狗肉**だ。

熟慮断行（じゅくりょだんこう）

よく検討した上で、思い切って実行に移すこと。

例　**熟慮断行**すべき案件。

哀毀骨立（あいきこつりつ）

（親族の死などで）悲しむあまり、やせ細って骨ばかりになること。

例　**哀毀骨立**となっている友人を慰める。

呉越同舟（ごえつどうしゅう）

敵対している者同士が同じ場所にいること。利害が一致して協力すること。

例　あの二人が**呉越同舟**になるとは意外だ。

三三五五（さんさんごご）

小さなまとまりになって、ばらばらに存在・行動するさま。

例　皆は**三三五五**、帰路についた。

面目躍如（めんもくやくじょ）

世間の評価や評判にふさわしい活躍をして、生き生きとしているさま。

例 **面目躍如**の大活躍をする。

画竜点睛（がりょうてんせい）

最後の重要な仕上げ。また、肝心な部分に手を加えること。

例 **画竜点睛**を欠いた作品。

岡目八目（おかめはちもく）

当事者より傍観者の方が、かえって物事が見えているということ。傍目八目。

例 **岡目八目**の立場から話を聞く。

一視同仁（いっしどうじん）

すべての人々を平等に扱い、愛を注ぐこと。

例 **一視同仁**の精神で人付き合いをする。

捲土重来（けんどちょうらい）

一度破れたり失敗した者が、大きな勢いをつけて盛り返すこと。

例 去年は負けたチームが**捲土重来**を果たす。

泰山北斗（たいざんほくと）

その道の大家として尊ばれる人。また、特定の分野の権威や第一人者。

例 彼女は業界の**泰山北斗**と言われている。

意気軒昂（いきけんこう）

意気込みが盛んで、奮い立つさま。

例 **意気軒昂**とした姿勢で臨む。

佇立瞑目（ちょりつめいもく）

ひどい悲しみに遭い、目をつぶったまま立ち尽くしているさま。

例 突然の知らせに**佇立瞑目**してしまった。

牛飲馬食（ぎゅういんばしょく）

大いに飲み食いすることのたとえ。

例 彼の食べっぷりはまさに**牛飲馬食**だ。

徒手空拳（としゅくうけん）

手に何も持っていないこと。拠り所がなく身一つであること。

例 **徒手空拳**で始めたビジネスが成功した。

一刻千金（いっこくせんきん）

楽しい時がすぐ過ぎるように、短い時間が大きな価値を持っていること。

例 青春時代には**一刻千金**の価値がある。

魑魅魍魎（ちみもうりょう）

様々な化け物の総称。転じて、悪だくみをする者。

例 **魑魅魍魎**がうごめく社会。

内憂外患（ないゆうがいかん）

国内の心配事と、国外からの心配事。内にも外にも厄介ごとが多いこと。

例 **内憂外患**を考慮に入れて政治をする。

軽挙妄動（けいきょもうどう）

深く考えず、軽率に振舞うこと。

例 **軽挙妄動**は慎むべきだ。

毀誉褒貶（きよほうへん）

褒めることとけなすこと。世間の評判を指していうこともある。

例 **毀誉褒貶**を気にかけず作品を作る。

杓子定規（しゃくしじょうぎ）

形式にとらわれて、その中でのみ判断すること。応用や融通の利かないこと。

例 **杓子定規**な考えは捨てるべきだ。

沈思黙考（ちんしもっこう）

黙ってじっくりと考え込むこと。

例 しばしの間、**沈思黙考**する。

公序良俗（こうじょりょうぞく）

公共の秩序。世間一般が認める道徳観。

例 **公序良俗**に反する行為を慎む。

波瀾万丈（はらんばんじょう）

激しい変化に富んでいること。また、そのさま。「波乱万丈」とも。

例 私の人生は、実に**波瀾万丈**だった。

四角四面（しかくしめん）

真四角のこと。転じて、真面目すぎて堅苦しいこと。

例 **四角四面**の考えは一度捨てるべきだ。

乾坤一擲（けんこんいってき）

運命をかけた、いちかばちかの大勝負をすること。

例 **乾坤一擲**の大勝負に出る。

後生大事（ごしょうだいじ）

来世の安楽を願うこと。転じて、非常に大切にすること。

例 形見の腕時計を**後生大事**に持つ。

一諾千金（いちだくせんきん）

一度約束したことは、絶対に守らなければならないことのたとえ。

例 約束ごとは常に**一諾千金**だ。

融通無碍（ゆうずうむげ）

特定の考え方に捉われず、自由自在に行動すること。

例 彼の**融通無碍**なアイデアには驚かされる。

喧喧囂囂（けんけんごうごう）

大勢が意見し、騒がしいさま。

例 会議では**喧喧囂囂**の議論がなされた。

胆大心小（たんだいしんしょう）

大胆でいてかつ注意深いさま。

例 **胆大心小**なリーダーに恵まれる。

有為転変（ういてんぺん）

仏語。物事は常に変化し、はかないものだということ。

例 所詮、この世は**有為転変**である。

暴虎馮河（ぼうこひょうが）

かっとなり、無謀な危険をおかすこと。

例 **暴虎馮河**な行動はやめておくべきだ。

換骨奪胎（かんこつだったい）

他人の発想を借りながら、工夫して独自のものを作り上げること。

例 名作を上手く**換骨奪胎**した作品。

隔靴掻痒（かっかそうよう）

核心に触れられず、歯がゆくもどかしいことのたとえ。

例 その説明には**隔靴掻痒**の感がある。

枯淡虚静（こたんきょせい）

心にわだかまりがなく、さっぱりとしているさま。

例 **枯淡虚静**な態度で話を聞く。

美辞麗句（びじれいく）

飾り立てられ、立派らしく聞こえる言葉。

例 **美辞麗句**を並べて相手を騙す。

意趣卓逸（いしゅたくいつ）

考えや行動が極めて素晴らしいこと。

例 **意趣卓逸**の才能を発掘する。

天衣無縫（てんいむほう）

詩や文章などに技巧や計算のあとが無く、しかも完全で美しいこと。

例 **天衣無縫**の素晴らしい作品。

澹然無極（たんぜんむきょく）

極めて静かで、穏やかなこと。

例 **澹然無極**な対応を心掛ける。

偕老同穴（かいろうどうけつ）

夫婦の仲が非常に良く、絆が固いこと。

例 あの夫婦は**偕老同穴**の仲だ。

切歯扼腕（せっしやくわん）

ひどく怒ったり、悔しがったりするさま。

例　試合に負けて**切歯扼腕**の思いをした。

金科玉条（きんかぎょくじょう）

守るべき、大切な法律や規則。絶対的なよりどころ。

例　自分の**金科玉条**を固く守って生きる。

粗衣粗食（そいそしょく）

粗末な衣服と食べ物。質素な生活のたとえ。

例　節約のため**粗衣粗食**の生活をする。

格調高雅（かくちょうこうが）

（主に詩や文章に）品があって、優雅で美しいさま。

例　**格調高雅**な小説を楽しむ。

堅忍不抜（けんにんふばつ）

困難に耐え忍び、我慢強く心を動かさないこと。

例 **堅忍不抜**の精神で困難を乗り越える。

陰徳陽報（いんとくようほう）

人知れず善行を積めば、必ず目に見える形で良い報いがあるということ。

例 **陰徳陽報**を信じて善行を積む。

一言居士（いちげんこじ）

何にでも首をつっこみ、意見しないと気が済まない人。

例 **一言居士**な性格はなかなか直らない。

跳梁跋扈（ちょうりょうばっこ）

悪者がはびこり、好き勝手に振舞うこと。

例 悪徳業者が**跳梁跋扈**する。

克己復礼（こっきふくれい）

自分の欲に打ち勝ち、社会の規範や礼儀に沿った行いをすること。

例 **克己復礼**を信念に掲げる。

旧態依然（きゅうたいいぜん）

古い状態のままで、進歩や発展が見られないさま。

例 **旧態依然**とした社風を変える。

不撓不屈（ふとうふくつ）

強い意志を持ち、苦労や困難をはねのけるさま。

例 **不撓不屈**の精神で努力を重ねる。

壁立千仞（へきりつせんじん）

崖が高く立っていること。（仏語で）真理への道のりが険しいことのたとえ。

例 **壁立千仞**に囲まれた屋敷。

青息吐息（あおいきといき）

困難や心配のために弱って吐くため息。そのため息の出るような状態。

例 **青息吐息**をつく毎日だ。

不倶戴天（ふぐたいてん）

報復せずにはいられないほど、憎しみが深いこと。また、そのような間柄。

例 **不倶戴天**の敵と遭遇する。

不惜身命（ふしゃくしんみょう）

（仏道修行のために）すべてを捧げ、惜しまないこと。

例 **不惜身命**の働きが評価される。

荒怠暴恣（こうたいぼうし）

気持ちが荒んで、自分勝手なさま。

例 **荒怠暴恣**な振舞いが問題視される。

ことわざ

CHAPTER
04

生きる上で大切な教訓を与えてくれることわざ。会話はもちろん、文章などでもさりげなく使うことができます。類語も収録していますので、併せてチェックしてみてください。

豚に真珠

価値がわからないものに高価なものを与えても無意味だということ。

類　猫に小判・馬の耳に念仏

急がば回れ

遠回りでも安全な道を選ぶことが、結局は一番の近道になるということ。

焼け石に水

努力や援助が少なく、全く役に立たないことのたとえ。

類　月夜に背中炙る

覆水盆に返らず（ふくすい）

一度してしまったことは、二度と取り返しがつかないということ。

類　後の祭り

藪（やぶ）から棒

前置がなく、唐突であるさまを表す語。だしぬけ。

弘法（こうぼう）にも筆の誤り

その道の名人でも、時には失敗をしてしまうことがあるということ。

類 河童の川流れ・猿も木から落ちる

身から出た錆（さび）

自分の言動が原因で、自分自身が苦しむこと。自業自得。

海老（えび）で鯛（たい）を釣る

少ない元手で大きな利益を得ること。

類 麦飯で鯉を釣る

瓢箪(ひょうたん)から駒(こま)が出る

思いがけないことや、ありえないことが実現することのたとえ。

類 灰吹きから蛇(じゃ)が出る

百聞(ひゃくぶん)は一見(いっけん)に如(し)かず

何度も話を聞くよりも、一度でも自分の目で見る方が確かだということ。

鳶(とび)が鷹(たか)を生む

親からは想像もつかないような、優れた子どもが生まれることのたとえ。

親しき仲にも礼儀あり

親しい間柄であっても、礼儀は重んじるべきであるということ。

鬼の目にも涙

冷酷で無慈悲に見える者でも、慈悲の心を起こすことがあるということ。

口は禍(わざわい)の門(かど)

不用意な発言が災難を招くことがあるので、口は慎むべきであるということ。

類 舌は禍の根

無用の長物(ちょうぶつ)

全く役に立たず、あってもかえって邪魔になるものを指していう語。

立て板に水

よどみなく、流暢に話すことのたとえ。

餅(もち)は餅屋

何事も、その道の専門家に任せるのが一番だということのたとえ。

千里の道も一歩から

何事も、地道に努力を重ねていくことが肝要であるということ。

類　先ず隗（かい）より始めよ

濡れ手で粟(あわ)

濡れた手で粟の実を掴むように、何の苦労もせず大きな利益を得ること。

果報は寝て待て

幸福は、焦らずに気長に待つのが良いということのたとえ。

昔取った杵柄（きねづか）

若いときに身につけた、腕前や技能のこと。

故郷へ錦（にしき）を飾る

故郷を離れていた者が、出世や成功をして華やかに帰郷すること。

生き馬の目を抜く

すばやく物事を進めるさま。競争が激しく、油断ならないさま。

絵に描いた餅

所詮は空想に過ぎず、何の役にも立たないもののたとえ。

類 机上の空論

情けは人の為ならず

人に情けをかけておけば、自分にも良い報いが返ってくるということ。

飼い犬に手を噛まれる

日ごろから目をかけていた者に裏切られ、害を受けること。

蛇(じゃ)の道は蛇(へび)

同業者であれば、仲間の考えや行動はよく知っているということのたとえ。

朱(しゅ)に交われば赤くなる

人は付き合う相手次第で良くも悪くも感化されやすいものだということ。

▼貧すれば鈍する

立派な人でも、貧乏になると心まで貧しくなってしまうということ。

類 馬痩せて毛長し

▼桃栗三年柿八年

何事も、実現にはそれなりの時間が必要だということのたとえ。

▼飛んで火に入る夏の虫

自ら進んで危険や災難に飛び込んでいくことのたとえ。

▼急いては事を仕損じる

何事も、急ぎすぎるとかえって失敗しやすいということ。

三人寄れば文殊の知恵

凡人でも三人集まれば、素晴らしい知恵が出てくるものだということ。

亀の甲より年の功

年長者の豊かな経験を、軽視してはいけないということ。

背に腹は代えられぬ

多少の犠牲が出ても、重要な目的のためには仕方がないということ。

医者の不養生

正しいことがわかっていながら、実際には行動が伴っていない人のたとえ。

類　坊主の不信心

風が吹けば桶屋が儲かる

あることとの影響が、一見関係ないようなところに及ぶことのたとえ。

水滴りて石を穿つ

根気よく続ければ、微力でも成果をあげることができるということ。

類 一念岩をも通す

雀百まで踊り忘れず

幼いときに身につけた習慣は、幾つになっても忘れないということ。

真綿で首を絞める

すぐに核心を突かず、時間をかけて相手を苦しめることのたとえ。

雨後の筍（うごのたけのこ）

似たようなものが次々と現れることのたとえ。

驕る平家は久しからず（おごる）

金や権力を使い威張っている者は、その身を長く保てないということ。

論より証拠

口先であれこれ言うより、証拠を出すことで物事は明確になるということ。

渡る世間に鬼はない

世間の人々は無情に見えるが、実際には親切な人も多いのだということ。

口も八丁手も八丁

話術や行動が、極めて達者な人を指していう語。

人の噂も七十五日（しちじゅうごにち）

世間の噂は長く続かず、所詮はすぐに忘れられるようなものだということ。

無くて七癖（ななくせ）あって四十八癖（しじゅうはっくせ）

どんな人であれ、多少なりとも癖を持っているということ。

光陰（こういん）矢の如し

月日が経つのはとても早いということのたとえ。

類 歳月人を待たず

一寸の虫にも五分の魂

弱い立場にある者にでも考えや意地はあり、それを尊重すべきだということ。

三つ子の魂百まで

持って生まれた性格は、歳を重ねても変わらないということ。

禍を転じて福となす

降りかかった災難を利用して、かえって幸福に変わるよう工夫すること。

悪銭身に付かず

悪いことをして得たお金は、すぐに使ってしまい残らないということ。

蒔かぬ種は生えぬ

行動を起こさなければ、良い結果は得られないということ。

類 打たぬ鐘は鳴らぬ

捕らぬ狸の皮算用

欲しいものが手に入らないうちから、期待して計画を立てることのたとえ。

類 飛ぶ鳥の献立

立つ鳥跡を濁さず

立ち去る者は、きれいに後始末をしておくべきであるということ。

蓼食う虫も好き好き

その人によって、好みは大きく違うものだということ。

鉄は熱いうちに打て

何事も、まだ熱意や柔軟性があるうちに着手するべきだということ。

類　矯（た）めるなら若木のうち

人事を尽くして天命を待つ

力の限りやったのだから、あとは天に任せるしかないということ。

紺屋（こうや）の白袴（しろばかま）

他人のことに忙しく、自分には手が回らないということのたとえ。

類　髪結い髪結わず

虎穴（こけつ）に入（い）らずんば虎子（こじ）を得ず

敢えて危険を冒さなければ、望むものは手に入らないということのたとえ。

漁夫(ぎょふ)の利

当事者の争いに乗じて第三者が利益を横取りすることのたとえ。

下手の横好き

下手なくせにその物事をむやみに好み、熱心に取り組むこと。

君子危うきに近寄らず

教養があり慎み深い者は、自分から敢えて危険には近づかないということ。

和して同ぜず

人と協調はしても、道理に外れたことには安易に同調しないこと。

水清ければ魚棲まず

心が綺麗で立派すぎると、かえってまわりから親しまれないということ。

類 曲がらねば世が渡られぬ

勝って兜の緒を締めよ

敵に勝利しても、油断せず常に気を引き締めておくべきだということ。

烏の行水

入浴する時間が非常に短いことのたとえ。

起きて半畳寝て一畳

必要以上の贅沢は慎み、現状に満足することが大切だということ。

類 千石万石も米五合

深い川は静かに流れる

思慮深く実力がある人ほど、ゆったりとして騒がないということ。

帯に短し襷（たすき）に長し

中途半端でかえって役に立たないことのたとえ。

枯れ木も山の賑わい

どんなにつまらないものでも、あれば少しはましだということ。

類 蟻も軍勢

溺（おぼ）れる者は藁（わら）をもつかむ

困ってどうしようもないとき、人は何にでもすがろうとすることのたとえ。

馬子（まご）にも衣装

どんな人でも、見た目を整えれば立派に見えるものだということ。

少年老い易く学成り難し

時の流れは速いので、若いうちに十分勉強しておくべきだということ。

衣食足りて礼節を知る

人は生活に余裕ができて初めて、礼儀を重んじることができるということ。

爪に火をともす

極めて貧しく、倹約した生活を送ることのたとえ。非常にケチであるさま。

蛍雪(けいせつ)の功

苦労して学問に励むこと。また、その結果。

転がる石には苔(こけ)が生えぬ

活動的な人は魅力的だが、一方で金や友人が離れやすくもあるということ。

木を見て森を見ず

細かいことに心を奪われて、全体を見失うこと。

類 鹿を逐(お)う者は山を見ず

死んで花実(はなみ)が咲くものか

生きていれば良いこともあるが、死んでしまってはおしまいだということ。

案ずるより産むが易い

始める前は心配だったことも、やってみると案外簡単なものだということ。

無い袖(そで)は振れぬ

はじめから持っていないものは、どうしようもないということ。

喉元(のどもと)過ぎれば熱さを忘れる

どんな困難も、過ぎ去ってしまえば簡単に忘れてしまうということ。

鶏口(けいこう)となるも牛後(ぎゅうご)となるなかれ

大きな集団の下よりも、小さな集団の先頭に立った方が良いということ。

人間万事塞翁（さいおう）が馬

人間の運命というものは、何がどうなるか予測できないということ。

魚心（うおごころ）あれば水心

相手が好意を示せば、こちらも好意を示そうという気持ちになること。

好事魔多し（こうじまおおし）

良いことに限って、厄介ごとが起こりやすいということ。

類 月に叢雲（むらくも）花に風

子は鎹（かすがい）

子への愛情から夫婦仲も円満になり、縁を切らずにいられるということ。

類 縁の切れ目は子で繋ぐ

豆腐に鎹（かすがい）

効き目や手ごたえを何も感じないことのたとえ。

類　暖簾に腕押し・糠（ぬか）に釘

待てば海路（かいろ）の日和（ひより）あり

焦らず待っていれば、やがて好機は訪れるということ。

春秋（しゅんじゅう）に富む

将来有望で、今後に大きな期待ができる若者を指す語。

悪事千里を走る

悪い行いや評判は、すぐに世間に知れ渡ってしまうということ。

類　人の口に戸は立てられぬ

船頭多くして船山に上る

意見する人が多いとかえって物事があらぬ方向に進んでしまうということ。

流れに棹さす

物事が順調に進み、軌道に乗ること。

類 追風に帆を上げる

人口に膾炙する

世間の人々の間で話題になり、もてはやされること。

坊主憎けりゃ袈裟まで憎い

相手が憎いあまり、その相手に関連するすべてが憎く思えることのたとえ。

石に漱ぎ流れに枕す

負け惜しみが強く、屁理屈で言い逃れようとすることのたとえ。

類 逭っても黒豆

当たるも八卦当たらぬも八卦

占いは当たることもあれば、当たらないこともあるということ。

臍を噛む

どうにもならなくなってしまったことを悔やむこと。

類 後悔先に立たず

瓜田に履を納れず李下に冠を正さず

疑いをかけられるような、まぎらわしい行いは避けた方が良いということ。

勝てば官軍(かんぐん) 負ければ賊軍(ぞくぐん)

道理に関係なく、勝者が正しく敗者が間違いだとされてしまうということ。

柳の下の泥鰌(どじょう)

一度成功したからといって、再び上手くいくとは限らないということ。

類 株を守りて兎を待つ

青は藍(あい)より出でて藍より青し

弟子が師よりも優れた人になること。「出藍（しゅつらん）の誉れ」とも。

足下(あしもと)から鳥が立つ

意外なことが起きること、突然慌ただしく行動することのたとえ。

金の草鞋で尋ねる

あちこちと辛抱強く探し回ることのたとえ。

雑魚の魚交じり

小物が大物に紛れていること。ふさわしくない場所にいることのたとえ。

禍福は糾える縄の如し

幸福と災いは、より合わせた縄のように代わる代わるやってくるということ。

羹に懲りて膾を吹く

ある失敗によって、必要以上に警戒や心配をしてしまうことのたとえ。

いずれ菖蒲(あやめ)か杜若(かきつばた)

どちらも優れているため、区別や選択が非常に困難であることのたとえ。

割れ鍋に綴(と)じ蓋

どんな人にも、それぞれにふさわしい人・似通った人がいることのたとえ。

天に唾(つば)する

害を与えようとして、かえって自分に災難がふりかかることのたとえ。

三十六計逃げるに如(し)かず

勝算のない闘いは、あれこれ考えるより逃げるのが一番だということ。

学びて思わざれば則(すなわ)ち罔(くら)し

他から学ぶだけでなく、自分でも考えなければ本質は理解できないということ。

山高きが故に貴(たっと)からず

見かけが立派でも、内容が伴わなければ本物だとは言えないということ。

荒馬(あらうま)の轡(くつわ)は前から

困難な問題には真正面から堂々と向き合うのが良いということのたとえ。

鷹(たか)は餓(う)えても穂を摘(つ)まず

高潔な人は、困っても不正な金などを貪ろうとはしないということ。

▼痘痕(あばた)も靨(えくぼ)

相手に好意を持つと、どんな欠点も長所に見えてしまうことのたとえ。

類 屋烏(おくう)の愛

▼泣いて馬謖(ばしょく)を斬る

規律を保つために、愛する者であっても厳しく処分することのたとえ。

▼仏作って魂入れず

良いものでも、肝心な要素が抜けていればすべて無駄になるということ。

▼鰯(いわし)の頭も信心(しんじん)から

信仰心が深いと、つまらないものでも尊く思えてしまうこと。

袖振り合うも多生(たしょう)の縁

ちょっとした縁や出会いでも、大切にすべきだということ。

虻蜂(あぶはち)取らず

欲張って複数の利益を求め、その結果すべてを逃してしまうこと。

類 二兎を追う者は一兎をも得ず

眼光紙背(しはい)に徹(てっ)す

文章の表面だけでなく、その奥にある深い意味をも読みとること。

一将功(いっしょうこう)成りて万骨(ばんこつ)枯る

輝かしい成功の裏では、数多くの犠牲が払われているということのたとえ。

論語読みの論語知らず

書物を表面的に理解して、本質をわかっていない人を嘲っていう言葉。

老いたる馬は道を忘れず

経験が豊富な者は、進むべき道を誤らないということのたとえ。

毛を吹いて疵（きず）を求む

人の欠点を追及すること。それによってかえって自分の欠点をさらすこと。

隴（ろう）を得て蜀（しょく）を望む

願いが叶うとさらにその上を望むように、欲望には限りがないことのたとえ。

慣用句

CHAPTER 05

「泣きそうだ」と言うのと、「目頭が熱くなった」と言うのでは、意味は同じでも全く印象が異なります。社会人として、その場に合った言葉づかいができるようになりましょう。

肝に銘（めい）じる

心に強く留めておくこと。

例 今日の教訓を**肝に銘じる**。

襟（えり）を正す

態度や姿勢を改め、気を引き締めること。

例 先輩の仕事ぶりに、**襟を正す**思いだ。

歯に衣（きぬ）着せぬ

遠慮したり隠したりせず、思ったことをそのまま言うさま。

例 **歯に衣着せぬ**物言いで人気のタレント。

目頭が熱くなる

深く感動し、涙が出そうになるさま。

例 激励の言葉に、**目頭が熱くなる**。

水と油

性質が合わなかったり仲違いしたりして、調和ができないことのたとえ。

例 あの二人の関係は、まるで**水と油**だ。

奇を衒う（てらう）

意図的に変わったことをして、他人の注意を引きつけようとすること。

例 無理に**奇を衒う**必要はない。

満更でもない（まんざらでもない）

全く駄目ということもない。悪くない。

例 彼は褒められて**満更でもなさそう**だ。

後ろ髪を引かれる

心残りがあり、先に進んだり思い切ったりするのが難しいこと。

例 友人との別れに**後ろ髪を引かれる**思いだ。

借りてきた猫

普段とは違い、大人しく静かにしていること。

例 かしこまって、**借りてきた猫**のようだ。

足下(あしもと)を見る

相手の弱みにつけこむこと。

例 消費者の**足下を見た**価格。

竹を割ったよう

気質がさっぱりしていて、素直なさま。真っ直ぐなさま。

例 彼女は**竹を割ったよう**な性格をしている。

大風呂敷(おおぶろしき)を広げる

現実的でない、大げさなことを宣言したり計画したりすること。

例 **大風呂敷を広げる**と、後が大変だ。

水泡に帰する（すいほうにきする）

努力してきたことが、すべて無駄になってしまうこと。

例 大事な計画が**水泡に帰して**しまった。

耳目を集める（じもくをあつめる）

人々の注意を引きつけること。

例 過激な発言で**耳目を集める**。

元も子もない

何もかもを失い、台無しになってしまうこと。

例 それを言っては**元も子もない**。

呆気に取られる（あっけにとられる）

驚いたりあきれたりするあまり、ぼんやりとしてしまうさま。

例 あまりの出来事に、**呆気に取られる**。

腕に縒りをかける

最大限に実力を発揮しようとして、張り切ること。

例 **腕に縒りをかけて**料理をする。

角が取れる

人柄からとげとげしさがなくなること。丸くなること。

例 彼も歳を重ねて、**角が取れた**ようだ。

手垢が付く

表現や考えが使い古されて、新鮮さがなくなること。

例 **手垢が付いた**表現は使いたくない。

後ろ指をさされる

陰で非難されたり、悪口を言われたりすること。

例 世間から**後ろ指をさされる**。

味を占める

一度上手くいったことを忘れられず、また同じ結果を期待すること。

例 一度成功して、**味を占める。**

手ぐすね引く

十分に用意して、機会を待つこと。

例 **手ぐすね引いて**獲物を待つ。

槍玉（やりだま）に挙げる

批判や攻撃の対象にして、責め立てること。

例 議論の**槍玉に挙げられる。**

色を付ける

値引きしたり割り増ししたりして、物事に温情を加えること。

例 いつものお小遣いに**色を付ける。**

歯牙(しが)にも掛けない

全く相手にしないこと。気に掛けないこと。

例 彼女は批判を**歯牙にも掛けなかった。**

下駄を預ける

相手を信頼し、処理や判断を一任すること。

例 この件は、部下に**下駄を預けた。**

一事(いちじ)が万事(ばんじ)

一つの小さな物事でも、その調子や傾向は全体に通じているということ。

例 **一事が万事**、小さなミスにも気を付ける。

鼻(はな)っ柱(ぱしら)が強い

勝ち気で自己主張が激しく、簡単に人の言いなりにならないさま。

例 彼は**鼻っ柱が強く**、扱いにくい。

箔が付く

値打ちが上がること。貫禄がつくこと。

例 この賞を受賞すると**箔が付く**。

折り紙付き

その人や物の実力や価値が、間違いなく保証できるさま。

例 この車の性能は、**折り紙付き**だ。

一矢を報いる

相手の攻撃や非難に対して、少しでも反撃・反論をすること。

例 ライバル会社に**一矢を報いた**。

狐につままれる

あまりに意外な出来事に、呆然とすることのたとえ。

例 **狐につままれた**ような気分だ。

おくびにも出さない

そのような素振りや表情を全く見せないこと。

例　彼は仕事の疲れを**おくびにも出さない**。

冥利に尽きる

その身分や立場にいる者として、これ以上ないほど幸せだということ。

例　生徒に慕われるなんて教師**冥利に尽きる**。

気が置けない

遠慮や気遣いなく、打ち解けて接することができること。

例　私と彼女は**気が置けない**仲だ。

虚をつく

相手の無防備な部分につけこみ、攻め入ること。

例　突然のことに**虚をつかれる**。

至れり尽くせり

配慮がよく行き届いていて、文句の言いようがないこと。

例 **至れり尽くせり**のサービスに満足する。

同じ轍(てつ)を踏む

先人がした失敗を繰り返すこと。

例 先輩と**同じ轍を踏まない**ように注意する。

琴線(きんせん)に触れる

深い感動や、共感をおぼえること。

例 自分の**琴線に触れる**音楽を探す。

犬も食わない

全く相手にされないもの、取るに足らないもののたとえ。

例 **犬も食わない**ようなつまらない争い。

苦杯（くはい）を嘗（な）める

敗北や失敗など、苦い経験をすること。

例 昨年は準決勝で**苦杯を嘗めた。**

元の鞘（さや）に収まる

別れや仲違いを経験した者が、再び元の関係に戻ること。

例 喧嘩をしても、結局は**元の鞘に収まる。**

大目玉を食う

ひどく叱られること。

例 寝坊をして上司から**大目玉を食った。**

当たりをつける

おおよその見当をつけること。

例 デザインの**当たりをつける。**

いぶし銀

一見地味であるが、確かな実力や独自の魅力があるもののたとえ。

例 彼は**いぶし銀**なプレーをする選手だ。

鼻持ちならない

発言や振舞いが、我慢できないほど不愉快であること。

例 彼女の態度は**鼻持ちならない**。

及び腰になる

自信がなく、あいまいで頼りない態度をとるさま。

例 会社は変革に対して**及び腰になって**いる。

肝を冷やす

危険に遭遇して、ひやりとすること。

例 突然車が飛び出してきて、**肝を冷やした**。

立つ瀬がない

自分の立場を失い、面目が丸つぶれになってしまうこと。

例　これでは先輩である私の**立つ瀬がない**。

油を売る

むだ話や寄り道をして、仕事を怠けること。

例　ここで**油を売って**いる時間はない。

風前の灯（ともしび）

物事が、少しのきっかけで損なわれてしまいそうなさま。

例　このブームはもう**風前の灯**だ。

嵐の前の静けさ

何か大きな出来事が起こる前の、不気味な静けさをたとえていう語。

例　この平穏は**嵐の前の静けさ**に過ぎない。

馬車馬のよう

よそ見をせずに。ひたむきに。

例 **馬車馬のよう**に働く。

食指が動く

食欲が起こること。また、興味や欲望が生じること。

例 アクション映画には**食指が動かない**。

愚にもつかない

ばかげていて、くだらないこと。

例 **愚にもつかない**議論を終わらせる。

焼きを入れる

ぼんやりして、緩んでいる人や物に活を入れること。

例 昔はよく先輩に**焼きを入れられた**ものだ。

篩に掛ける

ある基準や条件に合わないものを排除すること。

例 一次審査で大勢が**篩に掛けられた。**

溜飲が下がる

胸につかえていた不平や不満が解消して、気が晴れること。

例 友人に愚痴を漏らして**溜飲が下がる。**

現を抜かす

心を奪われ、夢中になること。

例 彼はギャンブルに**現を抜かしている。**

根を詰める

集中して、物事に没頭すること。

例 完成間近なので**根を詰めて**作業する。

▼悦に入る（えついる）

物事が上手くいき、満足すること。

例 仕事が上手くいき、**悦に入る**。

▼得も言われぬ（えもいわれぬ）

言葉ではなんとも言い表せないほどの。

例 この風景には**得も言われぬ**美しさがある。

▼首を挿げ替える（くびをすげかえる）

重要な役職に就く人を入れ替えること。

例 会社は部長の**首を挿げ替える**つもりだ。

▼常軌を逸する（じょうきをいっする）

常識から外れた言動をとること。

例 犯人の行動は**常軌を逸して**いた。

御多分に洩れず（ごたぶんにもれず）

世間一般と同じように。例外ではなく。

例　私も**御多分に洩れず**あの映画に熱中した。

浮き名を流す

恋愛に関する噂が世間に広まること。

例　数々の有名人と**浮き名を流す**。

赤子の手を捻る（あかごのてをひねる）

大した力を使わず、物事が容易にできることのたとえ。

例　彼は**赤子の手を捻る**ように相手を倒した。

一世を風靡する（いっせいをふうびする）

一般に広く受け入れられ、その時代に大きな影響を与えること。

例　**一世を風靡した**アイドルグループ。

的を射る（いる）

本質や要点を的確に掴むこと。

例 彼女の意見は**的を射て**いた。

蚊帳の外（かやのそと）

計画や会話に関与させてもらえず、不当な扱いを受けること。

例 私はこのプロジェクトの**蚊帳の外**だ。

異彩を放つ（いさい）

多くの中で、才能や技能が際立っているように見えること。

例 彼女は業界でも**異彩を放つ**存在だ。

歯が浮く

軽薄で気障な言動に対し、不快に思うさま。

例 彼は**歯が浮く**ような台詞を言った。

身につまされる

他人の不幸や苦労が自分と重なり、とても他人事とは思えないさま。

例　この映画は**身につまされる**内容だった。

味噌（みそ）を付ける

失敗して、面目を失うこと。

例　失言で**味噌を付けて**しまった。

お払い箱になる

不要と見なされ、解雇されたり捨てられたりすること。

例　職場から**お払い箱になって**しまった。

匙（さじ）を投げる

これ以上、救済や解決の手立てはないとして手を引くことのたとえ。

例　学者も**匙を投げる**ほど難しいテーマだ。

うだつが上がらない

境遇や収入が、なかなか良くならないこと。ぱっとしないこと。

例 **うだつが上がらない**数年間を過ごす。

板に付く

経験を積み、技能や態度が立場に見合うようになること。

例 社会人としての振舞いが**板に付いて**きた。

とどのつまり

(主に良くない結果に対して)結局のところ。

例 **とどのつまり**、すべて私の責任だ。

水を打ったよう

その場にいる大勢が一斉に静まり返るさま。

例 **水を打ったよう**な静けさに包まれる。

名状し難(がた)い

説明したり表現したりすることが、なんとも難しいということ。

例 **名状し難い**恐怖に包まれる。

矢面(やおもて)に立つ

批判や抗議などが直接集中するような立場に置かれること。

例 **矢面に立って**批判を浴びる。

歯の根が合わない

あまりの寒さや恐ろしさに、ひどく震えること。

例 朝は**歯の根が合わない**ほど寒い。

敷居(しきい)が高い

義理や礼儀を欠いてしまったために、その人の家に行きにくいこと。

例 今さら挨拶に行くのは**敷居が高い**。

異を唱える

別の意見、反対の意見を出すこと。

例 勇気を出して**異を唱える。**

板挟み

対立する二者の間に挟まれ、自分の意見や立場を決めるのに迷うこと。

例 上司と取引先との間で**板挟みになる。**

惰眠(だみん)を貪(むさぼ)る

だらしなく眠ってばかりいること。

例 休日はずっと**惰眠を貪って**しまった。

遺憾(いかん)に堪えない

とても残念でならないということ。

例 このような事態を招き**遺憾に堪えない。**

烙印（らくいん）を押す

汚名を着せること。そういうものだと決めつけること。

例　劣等生の**烙印を押す**。

一石（いっせき）を投じる

新しい意見や問題を投げかけ、反響を呼ぶこと。

例　学会に**一石を投じる**論文。

今や遅し

今か今かと、待ち遠しく感じる気持ちや状態。

例　合格発表を**今や遅し**と待ちわびる。

反（そ）りが合わない

意見や性格が合わず、協調できないこと。

例　上司とはどうも**反りが合わない**。

二の足を踏む

決断をためらうさま。尻込みするさま。

例 リスクが大きく、**二の足を踏んで**しまう。

雲を掴む

漠然としていて、手がかりや捉えどころがないさま。

例 **雲を掴む**ような話だ。

血道を上げる

色恋や道楽に夢中になって、分別を失うこと。

例 テレビゲームに**血道を上げる**。

幅を利かせる

自分勝手に、威張った振舞いをするさま。

例 この会社は古株が**幅を利かせて**いる。

科（しな）を作る

品や色気を含んだ、媚びたような様子を見せること。

例 **科を作って**微笑みかける。

岐路（きろ）に立つ

運命を左右されるような立場に置かれること。

例 人生の**岐路に立つ**。

薄氷（はくひょう）を踏む

極めて危険な状態に臨むことのたとえ。

例 **薄氷を踏む**思いで交渉を進めた。

乙（おつ）に澄ます

何食わぬ顔をしたり、澄ました態度をとったりすること。

例 普段の様子を隠し、**乙に澄ます**。

委細構わず

他の事情がどうあれ、それに関係なく。

例 **委細構わず**考えを押し通そうとする。

取る物も取り敢えず

大慌てで駆けつけるさま。

例 **取る物も取り敢えず**家を飛び出す。

片棒を担ぐ

（主に犯罪などの）仕事・計画に加わって、協力すること。

例 犯罪の**片棒を担ぐ**。

のべつ幕なし

物事が絶え間なく続く様子。

例 **のべつ幕なし**しゃべり続ける。

柳眉（りゅうび）を逆立てる

美人が眉を吊り上げ、激しく怒るさま。

例　相手の意見に**柳眉を逆立てる**。

そつがない

言動に落ち度や無駄がないこと。

例　彼の仕事には**そつがない**。

与太（よた）を飛ばす

でたらめで、くだらないことを言うこと。

例　居酒屋で**与太を飛ばす**。

脛（すね）に疵（きず）持つ

過去の悪事などを隠しており、後ろ暗いところがあること。

例　彼らは皆、**脛に疵持つ**身だ。

鼻に掛ける

得意げ、自慢げにしているさま。

例 自分の才能を**鼻に掛ける**。

焼きが回る

年を取って、頭の回転や身体の動きが衰えること。

例 先輩もいよいよ**焼きが回った**ようだ。

ふいになる

すべて台無しになること。無駄に終わること。

例 以前からの約束が**ふいになって**しまった。

膝(ひざ)を打つ

感心したり、何かをひらめいたりしたときに行う動作のこと。

例 見事な意見に**膝を打つ**。

灸（きゅう）を据（す）える

厳しく叱ったり、罰を与えたりすること。

例　上司に**灸を据えられる**。

沽券（こけん）にかかわる

その人や組織の品位やプライドに差し支えるということ。

例　これは当社の**沽券にかかわる**問題だ。

這（ほ）う這（ほ）うの体（てい）

ひどい目に遭い、やっとのことで逃げ出すようなさま。

例　事件現場から**這う這うの体**で逃げ出す。

臍（へそ）で茶を沸かす

（主にあざける意味で）おかしくてたまらないことのたとえ。

例　**臍で茶を沸かす**ような意見だ。

鎌をかける

相手の自白を誘うように、言葉巧みに問いかけること。

例 取り調べで容疑者に**鎌をかける**。

踵(きびす)を返す

引き返すこと。後戻りすること。

例 **踵を返して**家に帰った。

見得(みえ)を切る

（無理に）自分を誇示するような言動をすること。

例 **見得を切った**以上、もう引き返せない。

啖呵(たんか)を切る

歯切れの良い言葉で、勢いをつけてまくしたてること。

例 大勢の前で**啖呵を切る**。

袂（たもと）を分かつ

人との関わりを断つこと。

例　友人と**袂を分かつ**決意をする。

発破（はっぱ）を掛ける

強い言葉で励ましたり、気合いを入れたりすること。

例　後輩たちに**発破を掛ける。**

年貢（ねんぐ）の納め時

物事に見切りをつけたり、諦めたりするべき頃合い。

例　ここが**年貢の納め時**だ。

横車を押す

道理に合わない、理不尽なことを押し通すこと。

例　相手に取り合わず、**横車を押す。**

煮え湯を飲まされる

信用している人に裏切られ、ひどい目に遭うことのたとえ。

例 もう**煮え湯を飲まされる**のは勘弁だ。

けんもほろろ

人の頼みや相談を不愛想に拒絶すること。

例 必死に交渉したが、**けんもほろろ**だった。

潰(つぶ)しが利く

職業が変わっても、それなりに働いていけるということ。

例 資格を取れば、他でも**潰しが利く**だろう。

機先(きせん)を制する

相手に先んじて、その計画や意思を妨げること。

例 結局は**機先を制した**方の勝ちだ。

俎上（そじょう）に載せる

批評や議論の対象にするということ。

例 難しい問題を**俎上に載せる**。

木に竹を接（つ）ぐ

異質のものを繋ぎ合わせること。前後の文脈が通らないこと。

例 **木に竹を接ぐ**ような話し方だ。

業（ごう）を煮やす

物事が思うように進まず、腹を立てること。

例 進行上のトラブルが起き、**業を煮やす**。

のっぴきならない

身動きが取れず、逃げられない状態。

例 **のっぴきならない**状況に追い込まれる。

土が付く

相撲で負けること。転じて、勝負に負けること。

例 一回戦で早くも**土が付いた。**

御託（ごたく）を並べる

自分勝手でつまらないことを、くどくどと言い立てること。

例 いつまでも**御託を並べる**必要はない。

まんじりともしない

不安や焦りから、ろくに眠ったり落ち着いたりできないさま。

例 **まんじりともせず**朝を迎える。

筆舌（ひつぜつ）に尽くし難い

言葉ではとても表現しきれないほどのありさま。

例 **筆舌に尽くし難い**美しさ。

▼末席（まっせき）を汚（けが）す

会合などに参加することを、へりくだっていう言い方。

例　この会の**末席を汚す**ことができて光栄だ。

▼憂き身を窶（やつ）す

身体が痩せ細るほど熱中すること。

例　卒業制作に**憂き身を窶す**。

▼噛んで含める

理解しやすいように丁寧に説明することのたとえ。

例　**噛んで含める**ように、生徒に教える。

▼引導（いんどう）を渡す

相手に対し、諦めをうながすような最終宣告をすること。

例　ベテランの選手がついに**引導を渡された**。

頭が上がらない

相手の実力や権威にかしこまってしまい、対等に振舞えないこと。

例 学生時代の恩師には**頭が上がらない**。

先鞭（せんべん）をつける

誰も注目していない物事に、真っ先に着手すること。

例 他社に**先鞭をつけられて**悔しがる。

一席ぶつ

大勢の聞き手に対して威勢よく話をしたり、演説したりすること。

例 酒の席で**一席ぶつ**。

お鉢が回る

順番が回ってくること。

例 とうとう私にも**お鉢が回って**きた。

風上（かざかみ）にも置けない

卑劣・卑怯な人間をののしっていう語。面汚し。

例　彼は学者の**風上にも置けない**人物だ。

諸手（もろて）を挙げる

心から喜んで積極的に賛成すること。

例　**諸手を挙げて**喜べない事情がある。

言うに事欠いて

（非難の意味で）必要のないことをわざわざ言って。

例　**言うに事欠いて、**いまその話をするとは。

袖（そで）にする

おろそかにすること。冷たくあしらうこと。

例　交際相手を**袖にする。**

後足（あとあし）で砂をかける

恩人を裏切り、さらに去り際に迷惑をかけることのたとえ。

例 **後足で砂をかける**ような真似は許さない。

後塵（こうじん）を拝（はい）する

権力のある者や、行動が早かった者に追従すること。

例 ライバルの**後塵を拝する**ことは避けたい。

ぞっとしない

おもしろくない。感心しない。

例 そのような考え方は**ぞっとしない**。

つうと言えばかあ

互いに気心が知れていて、少ない言葉ですぐに意図が汲み取れること。

例 取引先とは**つうと言えばかあ**の関係だ。

梃入れする

不安定で弱い部分に援助や刺激を与え、働きを活性化させること。

例 人気が出ないテレビ番組に**梃入れする**。

吝かでない

躊躇がないさま。進んで行おうとするさま。

例 彼と手を組むのは**吝かでない**。

笠に着る

権力者や地位に守られながら、自分勝手なことをすること。

例 上司の権威を**笠に着る**。

人後に落ちない

他人に引けを取らないこと。先を越されないこと。

例 この分野では**人後に落ちない**つもりだ。

矯(た)めつ眇(すが)めつ

あらゆる角度や方向から、よく眺める様子。

例 骨董品を**矯めつ眇めつ**眺める。

河岸(かし)を変える

飲食や遊びの場所を変えること。

例 もういい時間なので、**河岸を変える**。

眉に唾を付ける

騙されないように警戒して構えること。

例 **眉に唾を付けて**話を聞く。

嘴(くちばし)が黄色い

年が若く、経験が浅いことをあざけっていう言葉。

例 私はまだ**嘴が黄色い**新人だ。

青筋(あおすじ)を立てる

顔に血管が浮き出すほど、激しく怒ったり興奮したりしているさま。

例　**青筋を立てて**怒る。

勝るとも劣らぬ

同等か、あるいはそれ以上であるということ。

例　先輩に**勝るとも劣らぬ**実力を発揮する。

烏合(うごう)の衆(しゅう)

秩序がなく、ただ集まっているだけの集団。

例　彼らは**烏合の衆**も同然だ。

軍門(ぐんもん)に降(くだ)る

試合や争いに負けること。降伏し、相手の言いなりになること。

例　敵の**軍門に降る**。

糊口を凌ぐ（ここうをしのぐ）

貧しいながらも、どうにか生計を立てていくこと。

例 少ない賃金でなんとか**糊口を凌ぐ**。

青菜に塩（あおなにしお）

元気がなく、しょんぼりしている様子をたとえた言い方。

例 週末の予定が無くなり、**青菜に塩**だ。

言質を取る（げんちをとる）

後に証拠となるような言葉を言わせること。

例 目撃者から**言質を取る**。

尻馬に乗る（しりうまにのる）

他人の言動にむやみに同調すること。

例 安易に**尻馬に乗る**のは危険だ。

鬼籍に入る

人が死亡した、という意味で使われる語。

例　世話になった上司が**鬼籍に入られた。**

枚挙に遑がない

あまりに沢山あり、数えるときりがないということ。

例　例を挙げれば**枚挙に遑がない。**

口角泡を飛ばす

口から唾を飛ばすほど、激しく議論するさま。

例　コメンテーターが**口角泡を飛ばす。**

お里が知れる

（批判的に）その人の言動から、生まれや育ちがよくわかるということ。

例　そのような振舞いでは**お里が知れる。**

暗礁（あんしょう）に乗り上げる

予想外の困難によって、急に物事の進行が妨げられること。

例 計画が暗礁に**乗り上げる**。

枕を高くする

安心して眠ること。また、安心すること。

例 やっと**枕を高くして**寝ることができる。

芋を洗うよう

狭い場所に対して多くの人がひしめき合っていることのたとえ。

例 会場は**芋を洗うよう**な混雑ぶりだった。

久闊（きゅうかつ）を叙（じょ）する

長く会えなかったことを詫びたり、久しぶりに友情を温めたりすること。

例 高校の同級生と**久闊を叙する**。

副詞・接続詞

CHAPTER
06

この章では、副詞や接続詞を扱います。微妙なニュアンスを一言で表せる言葉も多く、うまく使いこなせば美しく細やかな表現ができるようになるでしょう。

くどくど

何度も繰り返して、しつこく言うさま。

例 **くどくど**説明する。

つくねん

何もせず一人でじっとしているさま。

例 待合室で**つくねん**と座っている。

うかうか

ぼんやりと油断しているさま。不注意なさま。

例 **うかうか**している暇はない。

まごまご

うろたえるさま。歯切れが悪いさま。

例 返事に困って**まごまご**する。

おめおめ

恥や不名誉と知りながら、そのまま平然としているさま。

例 **おめおめ**と地元に戻るわけにはいかない。

いそいそ

嬉しさのあまり浮かれて、それが態度に表れているさま。

例 父は**いそいそ**とゴルフに出掛けて行った。

しゃなりしゃなり

しなやかな身のこなしで、気取って歩くさま。

例 **しゃなりしゃなり**と舞台に出ていく。

かねがね

前々から。以前から何度も。

例 噂は**かねがね**聞いていた。

生憎（あいにく）

都合が悪く、不本意であるさま。

例 **生憎**、その日は別の予定が入っている。

自ずから（おのずから）

成り行きに従って自然に。ひとりでに。

例 **自ずから**正解は導き出せるだろう。

図らずも（はからずも）

思いがけないさま。意外にも。

例 **図らずも**良い結果になった。

つとめて

なんとか頑張って。努力して。

例 **つとめて**気に入られようとする。

相次いで

絶え間なくつぎつぎと。

例 **似たような**事件が相次いで起こる。

ひとえに

一途なさま。それに尽きるさま。

例 この成功は**ひとえに**彼女のおかげだ。

暗(あん)に

言葉や態度にはっきり出さずに。

例 この小説は**暗に**現代社会を風刺している。

頻(しき)りに

何度も繰り返されるさま。

例 **頻りに**時間を気にする。

篤と（とく）

念を入れてじっくりと。

例 **篤と**ご覧ください。

如何にも（いかにも）

程度や状態がはなはだしいさま。まさしく。

例 彼には**如何にも**優しそうな雰囲気がある。

再三（さいさん）

何度も。さんざん。

例 **再三**注意したのに、彼らは聞かなかった。

悪しからず（あしからず）

期待に反したことを詫びる語。「悪く思わないでほしい」といった意味。

例 先着順なので**悪しからず**ご了承ください。

ひいては

その結果として。その延長として。

例 自分のため、**ひいては**家族のために働く。

あながち

（あとに打消しの語を伴って）必ずしも。

例 彼の意見も**あながち**間違いではない。

毫（ごう）も

（あとに打消しの語を伴って）少しも。全く。

例 そんなことは**毫も**思わない。

露（つゆ）も

（あとに打消しの語を伴って）少しも。全く。

例 そんな事実は**露も**知らなかった。

往往（おうおう）にして

頻繁にあるということ。

例 このような事件は**往往にして**起きる。

終日（ひねもす）

一日中。朝から晩まで。しゅうじつ。

例 **終日**遊びまわる。

一向に

全然。まるっきり。ちっとも。

例 好きに発言してもらって**一向に**構わない。

あらかた

ほとんどすべて。おおかた。

例 荷物は**あらかた**片付いた。

ともすると

もしかすると。場合によっては。

例 **ともすると**、つい他人に甘えてしまう。

確と（しかと）

確実であるさま。はっきりとしているさま。

例 私は**確と**この目で見た。

俄然（がぜん）

状態などが急に変化するさま。突然。

例 家族からの応援で、**俄然**やる気が出た。

剰え（あまつさえ）

（多く、悪い事柄について）別の状況が重なるさま。それだけでなく。

例 山道で迷い、**剰え**足を痛めてしまった。

またぞろ

またしても。またもや。

例 彼は**またぞろ**飲みに出掛けた。

ひしと

隙間なく密着するさま。しっかりと。

例 子どもを**ひしと**抱きしめる。

辛うじて（かろうじて）

やっとのことで。なんとか。

例 **辛うじて**締め切りに間に合った。

あまねく

広く一般に。もれなく。

例 世界に**あまねく**知られている作曲家。

▼一概（いちがい）に

細かい差を考慮せず一様に扱うさま。一般的に。おしなべて。

例 その可能性も**一概に**は否定できない。

▼しばしば

何度も。しょっちゅう。

例 この店には**しばしば**顔を出している。

▼何卒（なにとぞ）

相手に対し、強く望む気持ちを表す語。どうか。ぜひとも。

例 **何卒**、よろしくお願い致します。

▼奇（く）しくも

偶然にも。不思議にも。

例 本番当日は、**奇しくも**私の誕生日だった。

口ずから(くち)

口頭で。自分の言葉で。

例 この件は私の**口ずから**伝えるべきだろう。

わりかし

わりと。わりあいに。

例 これは**わりかし**楽にこなせる仕事だ。

宛ら(さなが)

よく似ているさま。まるで。

例 彼らは**宛ら**兄弟のようによく似ている。

たって

どうしても実現したいと望むさま。しいて。

例 これは本人**たって**の希望だ。

逐一（ちくいち）

順番に、一つひとつきちんと扱うこと。何から何まで。

例 状況を**逐一**報告する。

あくまで

徹底的なさま。どこまでも。

例 私は**あくまで**裏方に過ぎない。

或いは（あるいは）

一方では。または。ひょっとしたら。

例 その意見は**或いは**正しいのかもしれない。

あわよくば

上手くいけば。機会があれば。

例 **あわよくば**優勝も狙えるかもしれない。

些か（いささか）

数や程度が小さいさま。わずかに。

例 **些か**不安が残る結果になった。

数多（あまた）

数量や程度がはなはだしいさま。

例 **数多**の成功を収める。

辛くも（からくも）

やっとのことで。ぎりぎりで。

例 **辛くも**三回戦を突破する。

宛も（あたかも）

あるものが、他のものの性質や状態によく似ていることを表す語。まるで。

例 **宛も**真実を話しているような口ぶりだ。

とまれ

とにかく。いずれにしても。ともあれ。

例 **とまれ**、まずは成功を喜ぼう。

ついぞ

（あとに打消しの語を伴って）今までに一度も。

例 彼が現れることは**ついぞ**なかった。

天から

はじめから。頭から。

例 それでは**天から**相手にされないだろう。

一等（いっとう）

最も。いちばん。

例 この絵が**一等**素晴らしい出来だった。

具に（つぶさに）

情報などが細かく、詳しいさま。

例 情景を**具に**描写する。

しかじか

詳しく言う必要がないときに、その代わりに使う言葉。かくかく。

例 かくかく**しかじか**と理由を説明する。

努努（ゆめゆめ）

（あとに禁止や打消しの語を伴って）決して。全く。

例 この事実は、**努努**忘れてはならない。

よしも

仮に。たとえ。

例 **よしも**上手くいっても、油断は禁物だ。

あわや

危うく。もう少しのところで。

例 **あわや**大惨事という状況だった。

てんで

（打消しや否定的な表現を伴って）全く。まるっきり。

例 専門的な話は**てんで**わからない。

ゆくりなく

思いがけず。突然に。

例 **ゆくりなく**も旧友と再会した。

就中（なかんずく）

その中でも特に。とりわけ。

例 酒好きで、**就中**ビールには目がない。

あたら

残念なことに。惜しくも。

例 **あたら**チャンスを逃してしまった。

頗る（すこぶる）

程度がはなはだしいさま。たいへん。非常に。

例 今朝は**頗る**体調が良い。

かばかり

この程度。これくらい。こんなにも。

例 **かばかり**の報酬で仕事は受けられない。

よもすがら

一晩中。朝までずっと。

例 試験に向けて**よもすがら**勉強した。

みだりに

分別なく。むやみやたらに。

例 **みだりに**お金を使うものではない。

然のみ（さのみ）

そのように。（あとに打消しの語を伴って）それほど。たいして。

例 例の件は**然のみ**大ごとにはならなかった。

蓋し（けだし）

（あとに述べることが）確かに。思うに。

例 彼の言ったことは**蓋し**名言である。

とみに

急に。にわかに。

例 最近は**とみに**寒くなってきた。

果せる哉

予想通りに。やはり。果たして。

例 結果は、**果せる哉**上手くいかなかった。

やおら

ゆっくりと落ち着いて行動を起こすさま。おもむろに。

例 彼女は**やおら**起き上がった。

甚く

とても。非常に。

例 この映画には**甚く**感動した。

得てして

そのような傾向があること。

例 仕事とは、**得てして**そういうものだ。

恬(てん)として

少しも気にかけないさま。堂々としているさま。

例 **恬として**意志を曲げない。

折(おり)よく

(時期や都合が)丁度良く。

例 その日は**折よく**一日空いている。

端無(はしな)く

急に。思いがけなく。

例 発言が**端無く**批判を受ける。

いみじくも

適切に。非常に巧みに。

例 **いみじくも**私が言った通りになった。

術よく

手際よく。

例 計画は**術よく**進行した。

引きも切らず

ひっきりなしに。絶え間なく。

例 電話が**引きも切らず**にかかってくる。

わけても

とりわけ。その中でも特に。

例 **わけても**この技術は素晴らしい。

いきおい

成り行きで。当然の結果として。

例 これでは**いきおい**失敗に終わるだろう。

あらばこそ

（前の語を受けて）あったものではない。そのようなはずはない。

例 反省も**あらばこそ**、さらに失言を重ねた。

のべつ

絶えず続くさま。ひっきりなしに。

例 **のべつ**意見を並べ立てる。

すべからく

当然。必ず。「すべて」の意味で使うのは誤り。

例 文学部なら**すべからく**読むべき本だ。

おしなべて

一般的に。全体にわたって。

例 彼の能力は**おしなべて**高い。

よしなに

良い具合に。適切に。

例 残りの業務は、**よしなに**頼みます。

早晩（そうばん）

遅かれ早かれ。そのうちいつかは。

例 **早晩**、こうなることはわかっていた。

からきし

（あとに打消しの語を伴って）全く。全然。

例 私は数学は**からきし**駄目だ。

事程左様に（ことほどさように）

前に述べたことを受けて、後を強調する語。それほど。そんなに。

例 **事程左様に**、生きて行くのは難しい。

おのがじし

それぞれに。銘々に。

例 これは**おのがじし**向き合うべき問題だ。

翻(ひるがえ)って

それとは別に。一方で。

例 **翻って**彼女の意見も考慮すべきだ。

縦(よし)んば

仮にそうだったとしても。たとえ。

例 **縦んば**負けてしまっても悔いはない。

悉皆(しっかい)

ことごとく。一つ残らず。

例 大事なものを**悉皆**失ってしまった。

差し向き

今のところ。さしずめ。言ってみれば。

例 この案件は、**差し向き**検討中だ。

なまじ

中途半端な状態で物事を無理にするさま。なまじっか。

例 **なまじ**器用なだけに、苦労も多い。

つとに

前々から。ずっと以前から。

例 会社への不満は、**つとに**感じていた。

齷齪（あくせく）

細かいところにこだわって、せわしないさま。

例 毎日**齷齪**と働く。

炳として

光り輝いているさま。明らかなさま。

例 子どもたちの目は**炳として**いた。

やにわに

その場で一気に。だしぬけに。

例 事態は**やにわに**好転しだした。

況や

言うまでもなく。まして。

例 この街は人が多い。**況や**週末はもっと多い。

苟も

仮にも。万が一にも。

例 **苟も**そんな失言はあってはならない。

外来語

CHAPTER 07

昨今、特にビジネスシーンにおいて外来語は多く聞かれるようになりました。「何が何だかさっぱり……」という方は、是非この機会にマスターしておきましょう。

メソッド

体系的な方法や方式のこと。

例　プロが実践する**メソッド**。

アーカイブ

膨大な記録資料。また、それらを保管することと。

例　**アーカイブ**をさかのぼる。

アイデンティティー

主体性、自己同一性。これこそが自分なのだ、という確信。

例　**アイデンティティー**を主張する。

ニーズ

必要性。需要。

例　顧客の**ニーズ**を調査する。

インスパイア

影響を与えるような思想や刺激を他に与えること。感化。

例 過去の名作に**インスパイア**された作品。

ベンチャー

挑戦的、野心的な事業。そのような企て。

例 新進気鋭の**ベンチャー**企業。

カルト

狂信的・熱狂的な支持や崇拝を指していう語。

例 **カルト**的な人気を誇るロックバンド。

キャパシティー

収容数。また、物事を許容する能力。

例 会場の**キャパシティー**をオーバーする。

マイノリティー

少数派。⇔マジョリティー

例 社会的**マイノリティー**の意見。

デフォルト

基準。初期設定。

例 **デフォルト**で搭載された機能。

シニカル

冷笑的で皮肉な態度。また、そのようなさま。

例 **シニカル**な視点で批評をする。

ジレンマ

二つの事がらの間で板挟みになること。

例 仕事と趣味の**ジレンマ**に悩む。

ステレオタイプ

行動や考え方が紋切型で、古くさいこと。

例 **ステレオタイプ**な考え方を変える。

ニュアンス

言葉などの微妙な意味合いや、その差異を指していう語。

例 細かな**ニュアンス**を読み取る。

レガシー

遺産。転じて、時代遅れという意味で使われることも。

例 この独自の技術は、弊社の**レガシー**だ。

フレキシブル

柔軟で、しなやかなこと。融通が利く、という意味で使うことも。

例 状況を見て、**フレキシブル**に対応する。

パラドックス

逆説。真実とは逆に見えて、実はある種の真実を言い表していること。

例 数学的な**パラドックス**が発生する。

ウィット

機転、機知を意味する語。ユーモア。エスプリ。

例 **ウィット**に富んだ会話。

ポテンシャル

潜在的な力。可能性。

例 この選手の**ポテンシャル**は計り知れない。

ロジック

論理・理屈。

例 隙のない**ロジック**を組み立てる。

▼シュール

非日常的・超現実的であるさま。シュールレアリスム。

例 **シュール**な世界観の映画。

▼インセンティブ

人の意欲を引き出す刺激。また、ノルマを達成した際に発生する報酬。

例 基本給に**インセンティブ**を上乗せする。

▼アテンド

側に付き添って、世話・接待をすること。

例 企業の重役を**アテンド**する。

▼ハイブリッド

異なる性質のものを混ぜ合わせたもの。

例 二つの機能を持つ**ハイブリッド**な製品。

ニュートラル

中立的で、どこにも偏らないさま。

例　**ニュートラル**な立場から判断する。

パトロン

資金などを提供し、後ろ盾となる人。

例　複数人の**パトロン**を抱える。

リノベーション

既存の建物を改修・刷新し、新たな価値を追加すること。

例　古民家を**リノベーション**したカフェ。

イノセント

純潔な。無邪気な。

例　**イノセント**な少年役を演じる。

クロニクル

事件や出来事を時系列に沿って記したもの。年代記。

例 企業の**クロニクル**を振り返る。

ギミック

からくり・仕掛け。映像などの特殊効果。

例 様々な**ギミック**が盛り込まれた映画。

アナーキー

無政府・無秩序な状態のこと。また、そのさま。

例 **アナーキー**な雰囲気のある若者。

ナイーブ

純粋で飾り気がなく、素直なさま。傷つきやすいさま。

例 彼女は**ナイーブ**な性格の持ち主だ。

ディテール

全体に対する細かい部分。詳細。

例 **ディテール**まで徹底的にこだわった作品。

オムニバス

映画などで、独立した複数の作品を一つにまとめて構成されたもの。

例 五つの短編からなる**オムニバス**映画。

アバンギャルド

革新的な表現を試みること。また、その人。

例 **アバンギャルド**な表現が特徴の画家。

クレバー

利口で、気が利いているさま。

例 彼は非常に**クレバー**な選手だ。

リフレイン

楽曲などで、節の終わりなどに同一の詩やメロディーを繰り返すこと。

例 この曲は冒頭の**リフレイン**が特徴的だ。

バイアス

思考や判断に影響するような、先入観や偏見を指していう語。

例 **バイアス**をかけて判断すべきではない。

フィクサー

事件や事業を陰で操り、報酬を得る人物。

例 この件の裏には**フィクサー**がいるようだ。

ナーバス

物事に対して神経質になっているさま。

例 大事な本番前に**ナーバス**になる。

ノマド

元は「遊牧民」の意だが、勤務場所を限定しない働き方を指すこともある。

例 最近では**ノマドワーカー**の数も増えた。

ニッチ

隙間。誰も手を付けていないような分野。

例 **ニッチ**な特集を組む雑誌。

ユーティリティー

役に立つもの。有用なもの。

例 彼は万能の**ユーティリティー**プレイヤーだ。

フォーマット

決まった形、形式。「初期化」を意味する場合もある。

例 過去の**フォーマット**を応用する。

センセーショナル

人々の関心をあおり立てるさま。扇情的。

例 **センセーショナル**な演説が注目される。

レコメンド

勧める・推奨する。

例 ラジオ局が**レコメンド**する新曲。

カタルシス

映画などで、受け手の心に溜まった感情が浄化され、快感を得ること。

例 強い**カタルシス**を感じられる映画。

アドバンテージ

有利な点。利点。

例 **アドバンテージ**を活かして仕事をする。

リーガル

法律に関する。合法的な。
⇕イリーガル

例　あくまで**リーガル**なやり方で楽しむ。

ペイ

支払うこと。採算がとれること。

例　莫大な予算を**ペイ**できるよう計算する。

マネタイズ

無利益のものやサービスを収益化すること。

例　動画コンテンツを上手く**マネタイズ**する。

アポイントメント

面会などの約束・予約。アポ。

例　商談の**アポイントメント**を取る。

エピゴーネン

（芸術などの分野で）優れた先人の真似をするばかりで、独創性のない人。

例 大作家の**エピゴーネン**にすぎない。

リスクヘッジ

起こりうるミスや損失に備え、あらかじめ準備しておくこと。

例 どんな仕事も**リスクヘッジ**を怠らない。

イシュー

発行物。課題・論点。

例 取り上げる**イシュー**を共有する。

アサイン

任命する。割り当てる。

例 優秀な社員を重要な役職に**アサイン**する。

エビデンス

証拠。裏付け。ビジネスでは議事録や契約書を指すことも。

例　先方に**エビデンス**を提出する。

コミットメント

誓約、決意表明。また、関与・介入の意味もある。

例　重要な案件に**コミットメント**する。

スキーム

企画、計画。あるいはその枠組みを指す。

例　この**スキーム**では取引先を説得できない。

ペンディング

「保留」を意味する語。主に問題を先送りにする際に使われる。

例　この議題は一旦**ペンディング**になっている。

フェーズ

物事の段階や局面のことを指していう語。

例 物語は次の**フェーズ**に進んだ。

ステークホルダー

株主や取引先、顧客など、企業の利害関係にある者を指す。

例 **ステークホルダー**の理解を得る。

タスク

課せられた仕事や職務のこと。

例 部下に**タスク**を割り当てる。

バジェット

特定の用途のための経費のこと。予算、予算案。

例 莫大な**バジェット**をつぎ込む。

フィードバック

ある結果を受け、その分析や評価、改善案を伝えること。

例　部下に結果を**フィードバック**する。

フィックス

「固定」を意味する語。また、仕事の内容や検討事項を最終決定すること。

例　**フィックス**版のデータを納品する。

リソース

資源、財源。ビジネスにおいては、仕事に必要な人・物・金を指すことも。

例　膨大な**リソース**を割く必要がある。

ブラッシュアップ

磨き上げること。質や完成度を高めること。

例　作品をさらに**ブラッシュアップ**する。

▼リテラシー

情報を正確に理解し、選択・活用できる能力のこと。

例 情報**リテラシー**の高さが求められる。

▼イデオロギー

根底にある考え方、思想。特定の立場に基づく考え。

例 両者の**イデオロギー**が対立している。

▼イノベーション

「革新」を意味する語。特に技術的な革新を指す場合が多い。

例 柔軟な発想が**イノベーション**を生む。

▼アンニュイ

退屈さ、気怠さ。あるいは、そのような雰囲気をまとっている様子。

例 **アンニュイ**な雰囲気をまとった人。

エグゼクティブ

企業の上級管理職を指す語。転じて、高級・贅沢の意味も。

例　**エグゼクティブ**プロデューサーを務める。

レギュレーション

満たす必要のある条件。規則。

例　提示された**レギュレーション**を満たす。

ドラスティック

方法や手段が抜本的で、思い切ったものであるさま。

例　**ドラスティック**な組織改革が求められる。

ファクター

要素・要因。

例　重要な**ファクター**を見逃す。

▼シュリンク

縮小・萎縮すること。

例 市場の**シュリンク**が徐々に進んでいる。

▼セグメント

分割すること。または、一定の区分で区切られたまとまりのこと。

例 業務を**セグメント**して効率を上げる。

▼アルゴリズム

問題を解決するための、効率的・形式的な手段や方法。

例 効率化のため、**アルゴリズム**を構築する。

▼ソリューション

問題を解決すること。また、その方法。

例 具体的な**ソリューション**を提案する。

▼インフラ

上下水道など、生活の基盤となるものの総称。インフラストラクチャー。

例 都市の**インフラ**を構築する。

▼リファレンス

参照すること。照らし合わせること。

例 **リファレンス**のための資料を作成する。

▼ブリーフィング

簡単な報告、事情の説明。

例 企業からの**ブリーフィング**を受ける。

▼オーセンティック

正真正銘の。正統派の。信頼できる。

例 **オーセンティック**なデザインの洋服。

▼メタファー

隠喩・暗喩。「人生は旅だ」というようなたとえ。

例 小説の**メタファー**を読み解く。

▼キュレーション

特定のテーマに則って情報などを集めること。

例 展示会の**キュレーション**を務める。

▼コンテクスト

文脈。前後関係。

例 話の**コンテクスト**を読み取る。

▼アセット

資産・財産。転じて、「強み」を指すことも。

例 この技術は当社の貴重な**アセット**だ。

アジェンダ

計画。予定表。

例　社内で**アジェンダ**を共有する。

エスカレーション

段階的に広がっていくこと。また、上位者に報告すること。

例　上司に状況を**エスカレーション**する。

オブザーバー

会議などの傍聴者、観察者を指していう語。

例　**オブザーバー**として会議に参加する。

オリエンテーション

新しい環境への適応、順応。また、そのために行う指導。

例　上司から**オリエンテーション**を受ける。

イニシアチブ

物事を率先して進めること。主導権。

例 組織の**イニシアチブ**を取る。

キッチュ

俗悪なもの。インチキ。また、そのさま。

例 敢えて**キッチュ**なデザインを採用する。

スポイル

（特に甘やかして）物事を台無しにすること。

例 周囲の環境に**スポイル**されてしまう。

レセプション

宴会・歓迎会。

例 **レセプション**パーティーに招待する。

▼プロパガンダ

人々を特定の考えに誘導するための宣伝。

例　政治の**プロパガンダ**に利用された作品。

▼ブラフ

はったり。脅し文句。

例　**ブラフ**を真に受ける必要はない。

▼ブルーオーシャン

ビジネス用語で、競争のない未開拓市場のこと。⇕レッドオーシャン

例　この市場は**ブルーオーシャン**だ。

▼ローンチ

参入すること。立ち上げること。

例　新たなサービスを**ローンチ**する。

グロス

総量・総計。

例 経費は**グロス**でこの値段になるだろう。

パラダイム

その時代や分野において、絶対的な規範とされている考え方。

例 **パラダイム**の大きな転換が起こる。

テーゼ

ある問題についての肯定的な主張、命題。⇕アンチテーゼ

例 **テーゼ**を明確に主張する。

メタモルフォーゼ

変化・変身。

例 主人公が**メタモルフォーゼ**を遂げた。

る

れ

ろ

わ

ほ

ま

み

む

め

ふ

へ

は

ひ

ち

つ

て

せ

そ

た

す

さ

し

く

け

こ

き

か

う

え

お

い

索引

あ

今日から使える 大人のための語彙力1000

2024年2月14日　第1刷

編　者　おとなの語彙力研究会

発行人　山田有司

発行所　株式会社彩図社

〒170-0005
東京都豊島区南大塚3-24-4 MTビル
TEL 03-5985-8213　FAX 03-5985-8224

URL：https://www.saiz.co.jp/
https://twitter.com/saiz_sha

印刷所　新灯印刷株式会社

 ISBN978-4-8013-0703-2 C0181

本書は、2020年12月に小社より刊行された『今日から使える「頻出」おとなの語彙力1000』を修正の上、文庫化したものです。